AF498350

UN CŒUR DE MÈRE,

OU

LES RIVALES.

COMÉDIE-VAUDEVILLE EN DEUX ACTES,

Par MM. N. Fournier et Uzanne,

REPRÉSENTÉE POUR LA PREMIÈRE FOIS, A PARIS, SUR LE THÉATRE DU GYMNASE-DRAMATIQUE, LE 5 NOVEMBRE 1836.

PERSONNAGES.	ACTEURS.	PERSONNAGES.	ACTEURS.
Mme DÉLIANE, jeune veuve créole.........	Mme Moreau-Sainti	ÉDOUARD DE SAVIGNY, jeune armateur.........	M. Rhozevil.
ANNA, sa fille...........	Mme Allan Despréaux.	DUFRÊNE, capitaine de navire marchand..........	M. Ferville.
MARGUERITE, femme de confiance	Mme Usannaz.		

La scène se passe aux environs de Rochefort, chez Mme Déliane.

S'adresser, pour la musique de cette pièce et pour celle de tous les ouvrages qui composent le répertoire du Gymnase-Dramatique , à M. Heisser , bibliothécaire au théâtre, ou à M. Ferville, correspondant des spectacles, rue Poissonnière, n° 14.

ACTE PREMIER.

Le théâtre représente un salon donnant sur un jardin d'où l'on découvre la mer. Porte au fond, portes latérales et deux croisées au fond. Une table sur le devant de la scène, à gauche de l'acteur.

SCENE PREMIERE.

DUFRÊNE, ÉDOUARD, *assis auprès de la table.*

DUFRÊNE. Le vent se lève, quand veux-tu partir ?

ÉDOUARD. Je ne sais encore.

DUFRÊNE. N'es-tu pas venu chez Mme Déliane dans l'intention de lui faire tes adieux?

ÉDOUARD. Il est vrai ; mais j'hésite.

DUFRÊNE. Toujours irrésolu! toujours inquiet! je ne te reconnais plus, Édouard. Autrefois, bon marin, animé de la passion des voyages, ton unique pensée, c'était le départ ou le retour. Que de fois nous avons traversé les mers, toi, armateur insouciant, ne demandant que de bonnes chances au commerce; moi, hardi capitaine, ne demandant que de bons vents au ciel ; tous deux associés pour le gain, le péril ou les joyeuses entreprises. Au lieu de cela, que fais-tu ici, aux environs d Rochefort, depuis notre retour de la Martinique ? Tu t'acclimates à terre, comme si c'était ton élément. Tes affaires sont terminées, tu as recueilli la succession de ton cousin, et depuis six mois, tu ne l'as pas encore employée à compléter quelque nouvelle cargaison. J'ai pris patience ; j'ai fait, pour passer le temps, un petit voyage le long des côtes, et quand je reviens presser ton départ pour notre seconde patrie, pour cette Martinique que tu aimes tant , tu balances, tu diffères; si je raisonne pacotille, tu me regardes fixement, comme si je parlais en langue caraïbe; tu n'as plus de franchise, plus d'amitié peut-être.

ÉDOUARD, *se levant.* Ah! mon cher Dufrêne, peux-tu le croire ? toi qui fus mon guide, et le premier auteur de ma fortune ; pardonne-moi... c'est que je souffre beaucoup.

DUFRÊNE. Tu souffres?.. raison de plus pour prendre la pleine mer. Il n'est rien de plus sain pour le corps et pour l'ame. Je me rappelle qu'une fois, moi aussi j'ai eu du chagrin, c'était à l'île de Baratria : je tombai amoureux d'une jeune fille , une naturelle du pays... mais amoureux... comme un roman maritime.

ÉDOUARD. Eh bien ! que fis-tu ?

DUFRÈNE. Je lui dis avec franchise : « Mademoiselle , je suis amoureux de vous ; » et elle, avec franchise aussi, avec la franchise indigène, me répondit : « Monsieur, je ne peux pas vous souffrir. »

ÉDOUARD. Pauvre Dufrène !

DUFRÈNE. Je préfère ça ; on sait à quoi s'en tenir. Je consultai le ciel, il était beau, le vent était favorable... comme aujourd'hui, et ma foi...

AIR : Vaudeville du Premier Prix.

Appelant les vents à mon aide ,
Invoquant le dieu des marins,
Je m'embarquai, c'est le remède
Que j'applique à tous mes chagrins.
Un bonheur de mon caractère
Qui m'empêche de m'attrister,
C'est que mon amour reste à terre,
Et que je n'y peux pas rester.

ÉDOUARD. Dufrène !.. je partirai.

DUFRÈNE. A la bonne heure ! Ah ça ! est-ce que mon aventure aurait quelque rapport avec ta situation ?

ÉDOUARD. Puisqu'il faut te l'avouer, c'est aussi l'amour qui me retient ici.

DUFRÈNE. J'aurais dû m'en douter, du caractère dont je te connais. Qui aimes-tu ?

ÉDOUARD. Une femme charmante.

DUFRÈNE. Ma foi, elles le sont toutes pour nous autres marins qui n'en voyons pas souvent.

ÉDOUARD. Ne la compare à personne... c'est cette aimable créole qui habite ici, depuis son veuvage.

DUFRÈNE. Mme Déliane !

ÉDOUARD. Elle-même.. Qu'as-tu donc ?

DUFRÈNE. C'est qu'à te parler franchement, je crois que je l'aimerais aussi ; oui, ma foi, et quoique ton ami, si j'étais capable de vivre plus de quinze jours hors de l'eau, j'aurais probablement croisé ta route. Une femme remplie de grâces, et d'excellentes qualités, vive, aimable et fort jeune encore, quoique sa fille soit déjà grandelette ; mais ces créoles sont vieilles filles à quinze ans. Et comment cet amour a-t-il pris naissance ?

ÉDOUARD.. L'événement que tu connais m'a d'abord rapproché d'elle... puis, son aimable entretien , les grâces de sa charmante fille, le plaisir que je trouvais à partager les jeux de cette enfant, quelques leçons offertes avec empressement et reçues avec reconnaissance... c'étaient au-

tant de liens qui m'attachaient insensiblement à mesure que mille vertus se découvraient à mes yeux.

AIR de la Robe et les Bottes.

Là, que de bonté maternelle !
Ici, que d'amour filial !
De leur tendresse mutuelle
Chacune emprunte un charme égal.
Quand on les voit l'une à l'autre si chère,
Unir leurs cœurs dans un embrassement...
L'enfant paraît s'embellir de sa mère,
Et la mère de son enfant.

Tout m'enchantait, et mes heures s'écoulaient délicieusement. Bientôt, je m'aperçus du danger, mais il était trop tard ; et maintenant qu'il faut quitter ce pays, et dire adieu à ce bonheur paisible, j'éprouve un trouble , un tourment que je n'avais jamais connu.

DUFRÈNE. Qu'est-ce donc qui te désole ? vous êtes tous deux parfaitement libres ; vous avez tous deux de la fortune... je ne vois pas le moindre obstacle. Lui as-tu parlé de ton amour ?

ÉDOUARD. Non.

DUFRÈNE. Comment veux-tu qu'elle le devine ?

ÉDOUARD. Elle l'a deviné !

DUFRÈNE. Eh bien ! qu'en pense-t-elle ?

ÉDOUARD. Elle ne m'aime pas.

DUFRÈNE. Elle te l'a dit ?

ÉDOUARD. Non.

DUFRÈNE. Ah ça ! je ne comprends rien à vos manières de vous expliquer.

ÉDOUARD. Elle ne m'aime pas, te dis-je ; je l'ai appris par Mme Vilbert , leur amie, et la confidente de leurs pensées.

DUFRÈNE. En effet, elle exerce dans la maison une influence... c'est , dit-on , M. Déliane qui, se défiant de la jeunesse de sa femme a confié à Marguerite, par un acte de dernière volonté, la surveillance de la jeune Anna qu'elle avait nourrie ; et il faut en convenir, on lui doit de la reconnaissance pour les soins qu'elle a pris de son élève.

ÉDOUARD. J'ai toujours eu en elle la plus grande confiance ; aussi, c'est à elle que je me suis adressé pour révéler mon secret ; elle a paru d'abord frappée de surprise et presque de mécontentement ; puis, avec un embarras visible, elle m'a fait entendre que mes espérances étaient vaines, et que Caroline, tout entière au souvenir de son mari, et à l'avenir de sa fille, n'admettrait jamais un tiers au partage de ses affections.

DUFRÈNE. Voilà qui est étrange !... son mari, elle n'en parle que pour déplorer son illusion, lorsque , toute jeune encore, elle fit un choix qui n'avait pas le sens commun. Le défunt était comme moi, un coureur d'Océan, qu'elle n'a pas vu trois fois dans sa vie. Quant à sa fille, c'est diffé-rent... elle en est folle ; mais l'amour ma-ternel ne suffit pas au cœur d'une jeune femme, et après le service signalé que tu lui as rendu...

ÉDOUARD. N'est-ce que cela ?

DUFRÈNE. Mais, morbleu !.. c'est que ce n'est pas peu de chose ; tu m'as écrit tous les détails... une partie de pêche, com-mencée par le plus beau temps ; tout-à-coup le vent s'élève, la mer grossit ; trois dames dans la barque, un seul rameur avec elles ; la bourrasque augmente ; les dames s'effraient ; le rameur perd la tête ; la barque est prête à chavirer ; toi, tu t'élances, au péril de ta vie ; tu abordes, en nageant ; tu domptes la fureur des vagues, et luttant d'un bras obtiné, tu ramènes au rivage l'embarcation saine et sauve... c'est un beau trait.

ÉDOUARD. Et voilà pourquoi je n'ose pas lui parler de mon amour.

DUFRÈNE. Plaît-il ?

ÉDOUARD. J'aurais l'air de réclamer le prix de ce que j'ai fait.. je semblerais dire : Je vous ai sauvé la vie... j'ai des droits sur votre cœur... Moi ! exiger de sa reconnais-sance ce que je voudrais devoir à sa ten-dresse.. plutôt me taire, plutôt souffrir... Je suis décidé à partir avec toi.

DUFRÈNE. Ce soir même ?

ÉDOUARD. Ce soir.

DUFRÈNE. Sans t'assurer des dispositions de Mme Déliane ?

ÉDOUARD. Eh ! n'en suis-je pas trop bien instruit !

DUFRÈNE. Oui, par Mme Vilbert ; à ta place, je voudrais me passer d'intermé-diaire... et tiens, justement, la voici.

SCENE II.

LES MÊMES, MARGUERITE, *entrant par la porte, à droite de l'acteur.*

MARGUERITE, *à la cantonnade.* Portez ces secours à nos malheureux naufragés, de la part de votre jeune maîtresse, made-moiselle Anna ; mais elle ne recevra pas leurs remerciemens... ce serait pour elle une émotion trop vive.

DUFRÈNE. Toujours prudente.

MARGUERITE *. Ah ! monsieur Dufrène, je suis charmé de vous voir.

DUFRÈNE. Nous voudrions, mon ami et moi...

MARGUERITE. Monsieur de Savigny ! pardon. (*Elle le salue, à part.*) Encore !

DUFRÈNE, *à part.* Comme elle a changé de ton !

ÉDOUARD. J'ai devancé l'heure de ma visite habituelle ; ne pourrais-je présenter mes hommages à Mme Déliane ?.

MARGUERITE, *avec embarras.* C'est que je suppose qu'elle est encore renfermée dans son appartement.

DUFRÈNE. Il me semblait l'avoir aperçue à l'autre bout du parc.

MARGUERITE, *de même.* Vous croyez ?.. C'est qu'alors, elle aura été examiner les dessins de sa fille qui travaille dans le pe-tit pavillon.

ÉDOUARD. Eh bien ! j'aurai le plaisir de les trouver réunies *.

MARGUERITE, *l'arrêtant par un geste.* Par-don... je n'oserais interrompre...

ÉDOUARD. Il suffit, madame. (*A Dufrê-ne.*) Tu le vois, elle aura donné des or-dres. (*Haut.*) Je ne veux pas être impor-tun... je me retire... et toi, mon ami ?

DUFRÈNE. Tout-à-l'heure ; madame au-ra peut-être quelques commissions pour la Martinique. Je t'engage à faire tes pré-paratifs ; nous profiterons de la marée montante. Ah ça ! tu es bien décidé ?

ÉDOUARD, *avec fermeté.* Oui.

DUFRÈNE. Eh bien ! tant mieux... j'au-rai un bon compagnon de plus... et toi, je l'espère, tu auras bientôt un chagrin de moins.

ÉDOUARD, *lui prenant la main.* A tantôt. (*A Marguerite qu'il salue.*) Madame !..

(Il sort.)

SCENE III.
MARGUERITE, DUFRÈNE.

MARGUERITE. L'ai-je bien entendu ? Quoi ! M. Dufrène, vous allez repartir tous les deux ?

DUFRÈNE. Avant le coucher du soleil.

MARGUERITE, *avec joie.* En vérité ?

DUFRÈNE. Comment ! de la joie quand je m'en vais, c'est bien aimable.

MARGUERITE. Vous vous trompez, mon-sieur Dufrène ; comment ne pas vous re-gretter... vous qui êtes si bon, et qui té-moignez tant d'affection à notre chère Anna ?

DUFRÈNE. C'est bien naturel ; ne l'ai-je pas vue toute petite, et déjà bien intéres-sante quand vous habitiez la Martinique ? et mon ami ! c'est lui qu'il faut entendre vanter les grâces, les qualités, les talens de votre élève ; il ne tarit jamais... absolu-ment comme moi sur le chapitre de mon navire l'*Infatigable*... et pourtant, mal-

---

* Marguerite, Dufrène, Edouard.

* Marguerite, Edouard, Dufrène.

gré tant de titres à votre amitié, vous le voyez partir sans regret.

MARGUERITE, *froidement.* Ce départ est nécessaire.

DUFRÊNE. Parce qu'il aime Mme Déliane?

MARGUERITE. Il vous aurait confié...

DUFRÊNE. Le pauvre garçon... il a donc échoué près d'elle?

MARGUERITE. Mais...

DUFRÊNE. Tenez, parlez-moi franchement; êtes-vous bien sûre du naufrage complet de ses prétentions? c'est que s'il y avait la moindre chance de salut, je le ferais manœuvrer de telle sorte...

MARGUERITE, *vivement.* Non, monsieur Dufrêne, n'en faites rien : il vaut mieux qu'il s'éloigne sans revoir Mme Déliane.

DUFRÊNE. Je comprends.... décidément on le déteste; c'est une femme tout-à-fait insensible; ma foi, j'ai bien fait de ne pas m'aventurer pour mon compte... ce pauvre Edouard!

MARGUERITE. Je le plains; mais enfin, cet amour s'affaiblira; à son âge, le temps et l'absence guérissent tant de passions... et celle-là n'est pas plus incurable que bien d'autres.

DUFRÊNE. Parbleu! je l'espère bien; allons, je ne l'exposerai pas au mépris de la belle veuve, et je vais me charger de nos communs adieux. Puis-je me présenter?

MARGUERITE, *l'arrêtant.* Il est encore si matin...

DUFRÊNE. C'est vrai; vous avez à terre des usages; chez nous, c'est-à-dire sur l'eau, c'est le soleil qui commence la journée. Eh bien! je vais au port donner de nouvelles instructions, et je reviens.

MARGUERITE, *appuyant sur le mot.* Seul?
DUFRÊNE. Bien entendu.

AIR *nouveau.* (Musique de M. Hormille.)

Sur l'Océan, avec courage,
Il va bientôt fuir sans retour !
Et que bien loin de ce rivage,
Les flots emportent son amour.
Sur son cœur redoublant l'attaque,
Je vais ici, nouveau mentor,
Faire embarquer mon Télémaque,
Et que le ciel nous mène au port.

ENSEMBLE.

Sur l'Océan, avec courage, etc.

MARGUERITE.

Allez affermir son courage,
Il faut qu'il parte sans retour...
Et que bien loin de ce rivage,
Les flots emportent son amour.

(*Dufrêne sor.*)

SCENE IV.

MARGUERITE, *seule.*

Ah ! pourquoi faut-il que mon devoir m'ordonne d'agir ainsi?... ce serait une conduite étrange que la mienne, si le motif en était moins pur. Ah! combien il m'en coûte! Mme Déliane, une bienfaitrice! une amie! mais hélas! il est un autre intérêt encore plus sacré dont je dois compte à la mémoire de celui qui n'est plus; j'ai promis de veiller au bonheur de sa fille; et, en croyant l'assurer, je me suis rendu coupable d'imprudence... pauvre Anna! j'encourageais son amour.. ah! ce mariage la tuerait!... mais que ma conscience soutienne mon courage. J'aperçois Mme Déliane; allons, encore quelques efforts, et ma tâche sera remplie.

SCENE V.

Mme DÉLIANE, *entrant par le fond,* MARGUERITE.

Mme DÉLIANE. Je vous cherchais, ma bonne amie; ne parliez-vous pas à quelqu'un, tout-à-l'heure?

MARGUERITE. A M. Dufrêne, le capitaine.

Mme DÉLIANE. Il m'avait semblé distinguer deux personnes... n'ai-je pas reconnu M. de Savigny?

MARGUERITE. Effectivement, il est venu, madame, mais il n'est resté qu'un moment.

Mme DÉLIANE. Il fallait donc le retenir! il reviendra, je pense... j'étais auprès de ma fille, à l'autre bout du parc; ce matin, j'avais voulu la surprendre dans son pavillon d'étude; quel fut mon étonnement de la trouver en dehors de la grille, assise sur le bord de la mer, précisément à l'endroit où je fus sauvée d'une mort presque certaine par le courage de M. de Savigny!...

MARGUERITE. Cet événement a fait sur elle une vive impression...

Mme DÉLIANE, *avec expression.* Chère enfant !..

MARGUERITE. Tout le temps qu'a duré le danger, la pauvre petite était à demi-morte, à genoux... et les mains tendues vers la barque.

Mme DÉLIANE. Je la voyais, Marguerite, et c'est ce qui rendait ma situation plus cruelle... mais enfin il ne faut pas que ces émotions survivent à la scène qui les a causées ; tout-à-l'heure, quand elle m'a aperçue, cette enfant s'est jetée dans mes bras en pleurant... pourtant, je blâme cette extrème sensibilité ; je l'ai trop excitée peut-être, quand je me plaisais à développer son jeune cœur ; je suis si faible pour elle !.. mon mari l'avait prévu, Marguerite, quand il vous pria de m'accorder vos conseils ; aujourd'hui, c'est moi-même qui ai recours à votre expérience... ma fille est vive, un peu romanesque ; trop d'exaltation est, pour nous autres femmes, une source de chagrins et de mécomptes ; bien jeune encore, vous le savez, j'en ai fait la triste épreuve, et je voudrais du moins épargner à ma fille les mêmes illusions et les mêmes regrets.

MARGUERITE. Comptez, madame, sur mes efforts.

Mme DÉLIANE. J'ai souvent béni la destinée qui vous avait conduite auprès de nous... votre mari, d'abord, pendant les troubles de la Martinique, a protégé nos personnes et nos biens ; vous ensuite, vous avez pris sur mon sein la petite Anna, qu'une maladie cruelle m'ôtait la force de nourrir !.. nous sommes devenus veuves en même temps, et nous ne nous sommes plus quittées...

AIR : *Je ne vois pas ces bosquets.*

De tous nos soins, de tous nos vœux,
L'unique objet c'est notre fille...
Nous la voyons placée entre nous deux,
Pour nous unir dans la même famille ;
Parfois, j'éprouve un mouvement jaloux,
D'un nom bien cher quand sa voix vous appelle ;
Mais je dois, d'un esprit plus doux,
Vous pardonner l'amour qu'elle a pour vous ;
Car vous en avez tant pour elle !

MARGUERITE. Ah ! pour prix de vos bontés, madame, que ne puis-je contribuer à votre bonheur !

Mme DÉLIANE. Ne songez qu'à celui de ma fille... combattons les impressions trop vives ; l'étude nous y aidera ; nous cultiverons ses talens, nous encouragerons ses progrès.

MARGUERITE, *pesant ses paroles.* Vous, madame, en aurez-vous le loisir ? veuve, jeune et belle, si quelque jour vous songiez à vous remarier...

Mme DÉLIANE. Moi ?..

MARGUERITE. Avant le terme que vous aviez fixé vous-même...

Mme DÉLIANE, *avec dignité.* Votre zèle va trop loin, Marguerite ; mais laissons cela... que vous a dit le capitaine ?

MARGUERITE. Il venait vous faire ses adieux !..

Mme DÉLIANE. Il nous quitte ?

MARGUERITE. Il va mettre à la voile pour la Martinique.

Mme DÉLIANE. Combien je suis fâchée de ce départ !.. un si aimable homme... ce sera encore un ami de moins.

MARGUERITE, *d'une manière marquée.* Deux de moins, madame !

Mme DÉLIANE. Plaît-il ?

MARGUERITE, *de même.* Il emmène quelqu'un..

Mme DÉLIANE, *troublée.* Qui donc ?.. ah ! parlez !.. ce n'est pas son ami, j'espère ?.. non, n'est-ce pas ?.. il n'emmène pas M. Edouard ?

MARGUERITE. C'est lui !..

Mme DÉLIANE. Que dites-vous ?.. ah ! vous êtes dans l'erreur ; cela n'est pas possible !..

MARGUERITE. Ils partiront ce soir même...

Mme DÉLIANE. Pour long-temps ?

MARGUERITE, *indifféremment.* Peut-être pour toujours...

Mme DÉLIANE. O ciel !.. qui l'oblige donc à s'éloigner ?

MARGUERITE, *avec intention.* Sa propre volonté, je suppose... ce départ mettra fin à beaucoup de conjectures... comme il s'était long-temps arrêté près de Rochefort ; on l'y croyait retenu par quelqu'intérêt de cœur... il paraît qu'il n'en était rien, et qu'une complète indifférence...

Mme DÉLIANE. Ah ! vous pensez ?..

MARGUERITE. Et vous, madame... ne le pensez-vous pas maintenant ?

Mme DÉLIANE. Sans doute... (*A part.*) comme je m'étais trompée !..

MARGUERITE. Il y a long-temps, madame, que je vous ai déclaré toute ma pensée à ce sujet.

Mme DÉLIANE, *avec agitation.* Oui, Marguerite... oui, je rends justice à votre sincérité... pourtant, il me semblait... (*A part.*) Je saurai la vérité... oui, dans sa visite d'adieux, Edouard ne pourra se déguiser, et s'il a un secret, il faudra bien que ce secret lui échappe.

MARGUERITE, *qui a remonté la scène revient en annonçant.* M. Dufrène !..

Mme DÉLIANE. Comment ! seul ?..

MARGUERITE. Seul, oui, madame... je vous laisse, pour retourner auprès de notre enfant.

SCENE VI.

Mᵐᵉ DÉLIANE, DUFRÈNE.

Mᵐᵉ DÉLIANE, *avec effort.* Monsieur le capitaine... est-il vrai, comme on vient de me l'annoncer, que vous songiez à quitter vos amis?

DUFRÈNE. C'est avec bien du regret, madame ; mais mon commerce m'appelle à deux mille lieues d'ici...

Mᵐᵉ DÉLIANE, *de même.* Je croyais, monsieur, que votre fortune n'était plus à faire?

DUFRÈNE. Non, madame, elle est faite, grâce à Dieu... aussi, n'est-ce pas la cupidité qui me tourmente ; mais l'ardeur des voyages et l'attrait toujours nouveau de l'Océan... je commençais à m'engourdir, à végéter ici, comme une plante de votre sol... mais des dangers, des aventures, des changemens de terre et de ciel... du mouvement, enfin, voilà la vie, voilà le bonheur d'un homme.

Mᵐᵉ DÉLIANE, *d'un ton contraint.* Et ce goût, cette manière de voir, sont partagés par votre ami ?

DUFRÈNE. Mais oui ; je crois qu'il lui faut, pour sa santé, un peu d'exercice sur mer.

Mᵐᵉ DÉLIANE. Il me semble qu'il s'est décidé bien vite...

DUFRÈNE. Nous attendions le vent.

Mᵐᵉ DELIANE, *avec effort.* Alors, vous voudrez bien, monsieur, transmettre à M. de Savigny mes souhaits pour son heureux voyage.

DUFRÈNE. De quel ton, vous me dites cela..... je vois que vous êtes encore fâchée... eh bien! tenez, je ne veux pas que vous lui gardiez rancune.

Air : *Mon pays avant tout.*

Prêts à partir pour un lointain voyage,
Derrière nous, quand nous montons à bord,
Nous ne voulons laisser sur le rivage,
Ni froid adieu, ni chagrin, ni remord.
Car savons-nous quel sera notre sort?
Oui, nous avons de meilleures méthodes,
Et ce n'est pas le cas de se bouder
Quand on s'éloigne, et que des Antipodes
Il faut venir pour se raccommoder,
On ne peut pas, vraiment, des Antipodes
Venir exprès pour se raccommoder,
Tout exprès *(bis)* pour se raccommoder.

Apprenez donc qu'Édouard voulait se présenter de nouveau, et que c'est moi... moi seul qui l'en ai empêché...

Mᵐᵉ DÉLIANE. Vous!.. et pourquoi ?

DUFRÈNE. Parce que votre vue pourrait retarder sa guérison...

Mᵐᵉ DÉLIANE. Plaît-il?..

DUFRÈNE. En conséquence, il a dû se borner à vous écrire...

Mᵐᵉ DÉLIANE. Qu'entends-je?..

DUFRÈNE, *tirant une lettre de sa poche.* Ne craignez rien... vous ne trouverez là-dedans que des excuses, des adieux, et pas un mot de son amour.

Mᵐᵉ DÉLIANE. Il m'aime?..

DUFRÈNE. Comme un fou!..

Mᵐᵉ DELIANE. Qui vous l'a dit?..

DUFRÈNE. Lui-même, je ne l'aurais pas deviné tout seul... ça n'entre pas dans mes habitudes.

Mᵐᵉ DÉLIANE, *prenant la lettre.* Est-il possible?..

DUFRÈNE. Et à ce propos-là, franchement, je suis furieux contre vous, quoique je vous trouve très-jolie, et très-aimable... que diable! j'amène ici un garçon bien joyeux, bien portant, et vous me le rendez dans cet état-là... passe pour un homme de ma consistance... il résiste à de pareilles secousses, mais lui!... si jeune encore!.. c'est très-mal, car enfin... voici mon raisonnement... pourquoi lui donner de l'amour, si vous ne l'aimez pas?..

Mᵐᵉ DÉLIANE, *qui a lu la lettre.* Ah! je n'en puis douter!.. malgré ses efforts pour le cacher, chaque mot de cette lettre... il m'aime!..

DUFRÈNE. Heureusement cela ne durera pas... une fois hors de portée, on lui trouvera des distractions... mais l'heure me presse.... j'ai tant d'affaires..... voulez-vous me permettre d'embrasser votre charmante Anna ?

Mᵐᵉ DÉLIANE, *le retenant.* Un moment, de grâce, mon cher monsieur Dufrène...

DUFRÈNE. Que désirez-vous de moi, belle dame?..

Mᵐᵉ DÉLIANE, *les yeux fixés sur la lettre.* Je voudrais voir M. de Savigny.

DUFRÈNE. Pour le désoler encore?... non, madame, non, s'il vous plaît... vous ne le verrez pas, vous ne lui parlerez pas!..

Mᵐᵉ DÉLIANE. Pourtant...

DUFRÈNE. Comment?.. est-ce que par hasard vous auriez pitié de ce pauvre garçon?... Pardon, je suis bien indiscret, c'est le saisissement... j'ose à peine m'imaginer... là, franchement... dites-moi ce que vous voulez de lui?...

Mᵐᵉ DÉLIANE. Je veux qu'il vienne !...

DUFRÈNE. Qu'il vienne... cela veut-il dire que vous le recevrez bien?.. c'est que

je connais la coquetterie des femmes...
elles vous disent tantôt oui... tantôt non...
quelquefois même, oui et non tout ensemble !

Mme DÉLIANE. Ne craignez rien....

DUFRÈNE. Ce bon Édouard !... quelle sera
sa joie ! au fait, son bonheur avant tout,
je partirai seul.

Mme DÉLIANE. Vous-même, pourquoi ne
pas rester ?

DUFRÈNE. Je n'aurais qu'à devenir amoureux aussi ?...

Mme DÉLIANE, *riant*. Ah !... vous avez
peur ?

DUFRÈNE. J'en conviens... j'affronterais
les tempêtes du ciel... mais je me défie de
celles de l'ame, et j'aime mieux livrer mon
bâtiment à la fureur de tous les vents, que
ma pauvre tête au souffle des passions...
mais je vous quitte pour lui porter une
nouvelle à laquelle il ne s'attend guère.

AIR *du Chalet.*

Quand le bonheur le rappelle,
De lui quoique un peu jaloux,
Je vais, en ami fidèle,
L'envoyer à vos genoux.

(*A part.*)

Le cœur d'une femme tendre
Ne peut, dit-on, se masquer ;
Cependant pour le comprendre
Il est bon de s'expliquer.

ENSEMBLE.

(*Haut.*)

Quand le bonheur le rappelle, etc.

Mme DÉLIANE.

Portez-lui cette nouvelle,
Adieu... je compte sur vous ;
Il faut, en ami fidèle,
L'envoyer à mes genoux.

(*Dufrène sort par le fond.*)

SCENE VII.

Mme DÉLIANE, *seule, avec joie.*

Il m'aime !... ainsi, je l'avais bien compris, quand ses regards, quand sa voix émue
portaient le trouble dans mon ame !... il
m'aime !... oh ! comme un instant de bonheur nous dédommage d'une année de con-
trainte et de tourmens !.. lui, mon libérateur, un homme de tant de mérite et de
cœur !... ah ! ma vie lui appartient, qu'il
en dispose à son gré !.. ce choix que j'avais
fait en secret, et dont j'étais déjà fière, je
pourrai l'avouer à la face du monde ?...
oh ! que je suis heureuse !...

SCENE VIII.

MARGUERITE, Mme DÉLIANE.

Mme DÉLIANE. Ah ! ma chère Marguerite,
venez mon amie, venez !...

MARGUERITE. Je voulais savoir si vous
étiez seule.... Anna épiait le moment de
vous voir, et je vais...

Mme DÉLIANE, *lui prenant les mains.*
Marguerite !.. je suis aimée !...

MARGUERITE. Qu'entends-je?

Mme DÉLIANE. Je suis aimée !... depuis
long-temps !

MARGUERITE. Qui vous l'a appris?..

Mme DÉLIANE. Son ami... et lui-même,
par sa lettre d'adieux ?...

MARGUERITE. Une lettre ?..

Mme DÉLIANE. Vous vous trompiez, Marguerite, quand vous le croyiez insensible .
Cet air rêveur qu'il portait en tous lieux ,
et que vous preniez pour de l'ennui... c'é-
tait de l'amour !... ces regards levés vers
le ciel témoignaient de ses tourmens , et
non pas de son impatience !... et ces éclairs
d'une gaité bruyante, que ma fille par-
tageait sans la comprendre, ce n'était pas
de l'indifférence; c'était une joie affectée
pour mieux cacher son amour !...

MARGUERITE. Vous avez répondu à cette
lettre?...

Mme DÉLIANE. Sur-le-champ et avec sincérité... instruit de mes sentimens, il va
demander ma main...

MARGUERITE. Et vous la lui accorde-
rez?...

Mme DÉLIANE. Avec bonheur !...

MARGUERITE, *à part.* Oh !.. c'est impossible !...

Mme DÉLIANE. Mais qu'avez-vous donc?.

MARGUERITE. Anna !.. pauvre Anna !...

Mme DÉLIANE. Vous plaignez ma fille...

MARGUERITE. Je me rappelle la promesse
que j'ai reçue de vous.

Mme DÉLIANE. Pour son bonheur !... Eh !
qu'importe ; si je l'assure autrement?... Si
ce mariage lui donne un protecteur, un
ami, qui déjà la chérit comme son enfant.

MARGUERITE, *secouant la tête.* Ah ! madame...

Mme DÉLIANE. Doutez-vous de monsieur
Édouard?

MARGUERITE. M'en préserve le ciel !...

Mme DÉLIANE. Expliquez-vous donc !..

MARGUERITE. Vous avez rempli jusqu'ici
tous vos devoirs de mère... je sais avec

quel dévouement! il vous en reste encore un madame... c'est de veiller aux intérêts d'Anna...

Mme DÉLIANE. Me croyez-vous capable de les abandonner?...

MARGUERITE. Loin de moi cette idée!... mais veuillez réfléchir que M. Édouard est commerçant, que le voyage qu'il projetait devait doubler ses bénéfices; sans le soupçonner de vues intéressées, il est permis de croire que la convenance est entrée pour quelque chose dans ses idées de mariage, et vous vous rappelez, madame, que les deux tiers de votre fortune doivent former la dot de Mlle Anna.

Mme DÉLIANE. C'est toujours mon intention; et je connais bien mal Édouard, ou il l'approuvera sans hésiter.

MARGUERITE. Mais au moins faut-il le prévenir...

Mme DÉLIANE. Vous avez raison, je l'aurais oublié, c'est une démarche commandée par la délicatesse.. Vous vous en chargez, n'est-ce pas?

MARGUERITE. Volontiers.

Mme DÉLIANE. Il va venir, et je vous laisserai seuls.

MARGUERITE, *à part.* Fort bien!...

Mme DÉLIANE. Tenez, Marguerite, vous avez arrêté les premiers élans de ma joie, et cependant, je vous sais gré d'avoir ramené mes pensées vers ma fille... Edouard me comprendra... eh! mais! c'est lui !..

SCENE IX.

Les Mêmes, ÉDOUARD*.

ÉDOUARD, *entrant vivement.* Ah! madame, quel est mon bonheur!... j'accours vous en rendre grâces!.. si long-temps inquiet et découragé, j'allais m'éloigner le désespoir dans l'âme, quand un mot de vous m'a ramené à vos pieds, ivre d'espérance et de joie... ah! vous ne le démentirez pas...

Mme DÉLIANE. Non, Édouard!... non, mon ami, je n'affecterai pas une fausse réserve... je crois à votre sincérité, et vous avez droit à la mienne.

AIR *d'Aristippe.*

Ne vous dois-je pas l'existence ?
De l'avouer il est bien doux...
Mais le lien de la reconnaissance

* Marguerite, Mme Déliane, Édouard.

N'est pas le seul qui m'attire vers vous...
On ne sent pas toujours un pareil trouble
Au souvenir de son libérateur,
Et le prix du bienfait redouble
Quand on aime le bienfaiteur.

ÉDOUARD. Ah! quelle joie!...

Mme DÉLIANE. Après cet aveu un peu trop prompt peut-être; mais que la circonstance justifie... souffrez que je confie à une autre personne, à une amie, le soin délicat de vous expliquer mes intentions... et les devoirs que je me suis imposés.

ÉDOUARD. Eh quoi! vous dérober sitôt à ma reconnaissance!

Mme DÉLIANE. Je vous laisse avec Marguerite, c'est la seconde mère de ma fille, vous le savez... et tout ce qui concerne cette enfant l'intéresse autant que moi... veuillez donc l'écouter comme si je vous parlais moi-même. (*A Marguerite.*) Hâtez-vous, je vous attends sans crainte auprès d'Anna. (*A Édouard.*) Adieu, mon ami, je vous reverrai... je l'espère...

(Elle lui tend la main.)

ÉDOUARD. Ah! chère Caroline!...

(Il lui baise la main et la suit des yeux, puis il revient en scène,)

SCENE X.

MARGUERITE, ÉDOUARD.

ÉDOUARD. Enfin, je suis au comble de mes vœux!...

MARGUERITE, *à part.* Mon devoir est tracé... n'hésitons plus...

ÉDOUARD. Mais que veulent dire ces derniers mots?... « Je vous reverrai, je » l'espère?... » Douterait-elle encore de moi? « Je dois connaître ses intentions, et » c'est à vous, Marguerite, de me les expli- » quer!... » Eh bien! parlez, je vous écoute...

MARGUERITE, *après un silence.* Hélas! monsieur Édouard... je vais affaiblir votre joie...

ÉDOUARD. Après l'aveu de Caroline!...

MARGUERITE. Elle ne vous a révélé que la moitié de sa pensée.

ÉDOUARD. Que puis-je apprendre de fâcheux, lorsque je suis sûr de son cœur?

MARGUERITE, *appuyant sur ses paroles.* Et si, au moment même où vous venez de recevoir cette assurance, il fallait vous éloigner d'elle?...

ÉDOUARD. M'éloigner d'elle!... moi!... jamais.. c'est impossible...

MARGUERITE. Vous vous défiez de mes paroles, mais n'avez-vous pas entendu les siennes?

ÉDOUARD. Qu'a-t-elle dit de semblable? Elle a parlé de sa fille...

MARGUERITE. Et c'est au nom de sa fille que cette séparation est commandée.

ÉDOUARD. Je ne vous comprends pas... Mᵐᵉ Déliane n'est-elle pas libre!...

MARGUERITE. Pas à ses yeux... pas aux miens!... Avant de vous connaître, elle a fait une promesse, un serment sacré, que lui a dicté sa tendresse de mère.

ÉDOUARD. Un serment! dites-vous .. et lequel?...

MARGUERITE. Celui de ne pas se remarier elle-même, avant d'avoir marié sa fille...

EDOUARD. Qu'entends-je?...

MARGUERITE. L'avenir de son enfant, avant son propre bonheur!

ÉDOUARD. Et je l'apprends aujourd'hui pour la première fois...

MARGUERITE. Avec son amour qu'elle a caché si long-temps...

ÉDOUARD. L'avenir d'Anna!... son établissement!... mais je l'assurerai moi-même!... ce sera un bonheur pour moi!.. chère enfant!.. aucun sacrifice ne me coûtera...

MARGUERITE. Elle les refusera tous...

ÉDOUARD. Et elle prétend m'aimer?

MARGUERITE. Elle vous aime...

ÉDOUARD. Ah! s'il était vrai... elle aurait étouffé de vains scrupules.

MARGUERITE. Eh! quand elle le voudrait, le monde est là qui le lui défend...

ÉDOUARD. Que dites-vous?

MARGUERITE. Le monde, qui attribuait vos visites, vos assiduités, à l'espoir d'obtenir un jour la jeune Anna!

ÉDOUARD. Est-il possible?...

MARGUERITE. Jugez par là de la position d'une mère!...

AIR : *Époux imprudent.*
Vous le savez, plus on est jeune et belle,
Et plus il faut au devoir s'asservir.
Avant de faire un choix pour elle,
Pour sa fille elle doit choisir...
L'opinion dont nous devons dépendre,
Et qui toujours sait se venger de nous...
Nous défend de prendre un époux
Tant qu'elle nous désigne un gendre.

ÉDOUARD. Ah!... Mᵐᵉ Déliane est à l'abri des suppositions téméraires.,. Caroline m'entendra, et si elle m'aime réellement, qui l'empêchera de m'accorder sa main?..

MARGUERITE. Moi!...

ÉDOUARD. Vous, madame?...

MARGUERITE. Moi, qui lui rappellerai sa promesse, au nom de celui qui m'en a donné le droit.

ÉDOUARD. O ciel!... et quel intérêt ou quelle haine?...

MARGUERITE. Je ne suis point votre ennemie, monsieur Edouard... mais un père en mourant m'a confié l'avenir d'une enfant, d'une enfant qui m'appartient aussi... c'est un dépôt sacré... dont je dois compte; et comme à mes yeux ce mariage lui deviendrait funeste... vous permettrez que je m'y oppose de tout mon pouvoir.

ÉDOUARD. Funeste, dites-vous?... quels motifs?

MARGUERITE. N'exigez pas que je vous les explique... il suffit que ma conscience les approuve.

ÉDOUARD. Et si je persistais?...

MARGUERITE. Vous me trouveriez entre Caroline et vous; mais, croyez-moi... ce serait une lutte inégale.

ÉDOUARD, *accablé.* Tout ce que j'entends m'interdit et me désole... Eh bien! madame, puisqu'il le faut, puisqu'elle le veut... j'attendrai un temps plus heureux, mais ici, près d'elle, sans la quitter!

MARGUERITE. Et que deviendra son courage?... fuyez Caroline, ne l'exposez pas par votre présence à des combats perpétuels, et laissez-lui la force d'accomplir tous ses devoirs.

ÉDOUARD. Quoi?... je la quitterais ainsi, elle, Caroline, l'arbitre de mon sort, sans recueillir tous ses sentimens, toutes ses pensées!...

MARGUERITE. Je suis en état de vous les dire: elle souffrira de l'absence autant que vous, plus que vous peut-être; elle vous engage sa foi et compte sur la vôtre... que ce voyage soit pour elle une épreuve de vos sentimens, bientôt peut-être, elle pourra vous rappeler; mais écoutez-moi bien... c'est toujours elle qui vous parle: si avant trois ans... oui... trois ans... vous ne recevez point de nouvelles, et que vous l'aimiez encore...

ÉDOUARD. Oh! toujours!...

MARGUERITE. Revenez alors, revenez sans crainte; l'âge de sa fille... ses généreux efforts auront dégagé sa conscience, et satisfait l'opinion.

ÉDOUARD. Elle m'appartiendra sans obstacle?

MARGUERITE. Que cette certitude vous console et vous ramène!

ÉDOUARD. Être aimé d'elle, le savoir et la fuir!

MARGUERITE. Aujourd'hui même.... votre bonheur est à ce prix... eh bien! monsieur?...

ÉDOUARD, *avec effort.* J'obéirai...

MARGUERITE. Que le ciel vous récompense!... (*à part.*) et me pardonne.

SCENE XI.
Les Mêmes, DUFRÈNE.

DUFRÈNE. La marée monte... mon canot est prêt... j'ai réservé le dernier quart-d'heure pour les adieux de l'amitié... ah ! vous voilà , madame Vilbert ?.. parbleu, je vous fais compliment sur l'exactitude de vos renseignemens ; grâce à vous, ce matin, voilà un amoureux qui a failli partir désespéré. Allons, embrasse-moi, mon cher camarade, et souhaite à ton pauvre Dufrène une prompte et heureuse traversée ; ma parole d'honneur , j'ai le cœur serré ; c'est la première fois que ça m'arrive en quittant la terre ; aussi, c'est la première fois que je te quitte pour long-temps.

ÉDOUARD, *avec agitation.* Tu te trompes ; nous ne nous quitterons pas.

DUFRÈNE. Si fait , *l'Infatigable* ne peut pas attendre... et l'on va lever l'ancre...

ÉDOUARD. Sitôt !

DUFRÈNE. Dans une heure je serai déjà loin... ah ! j'ai là un fin voilier...

ÉDOUARD. Tant mieux... hâtons-nous, mon ami... fuyons !...

          (Il fait quelques pas.)

DUFRÈNE. Où vas-tu donc ?...

ÉDOUARD. Au rivage...

DUFRÈNE. Hein ?...

ÉDOUARD. Je pars avec toi...

DUFRÈNE. Quelle plaisanterie ?...

ÉDOUARD. Rien n'est plus vrai....

DUFRÈNE. Ah ça !... un instant... qu'est-ce que ça signifie ?... tu n'aimes donc plus Mᵐᵉ Déliane ?...

ÉDOUARD. Au contraire... plus que jamais !...

DUFRÈNE. Et tu la quittes ?

ÉDOUARD. Elle le veut, et j'obéis...

DUFRÈNE. Voilà que je recommence à n'y plus rien comprendre ! elle qui ce matin..... décidément, les femmes changent donc comme le vent ?.. et encore, le nord-est n'a pas varié depuis deux heures.

ÉDOUARD, *regardant Marguerite.* Un jour tu me ramèneras ici.

DUFRÈNE. Quand tu seras guéri...

ÉDOUARD. Jamais...

DUFRÈNE. Puisqu'elle ne t'aime pas...

ÉDOUARD. Au contraire, mon ami, elle m'aime... elle me l'a juré, et je le crois...

DUFRÈNE. Il est fou... il est fou... il faut qu'il s'embarque. Quelques jours d'Océan le remettront... Comme j'ai bien fait de ne pas m'aventurer... Au fond, c'est un bonheur pour toi... le mariage, la tendresse conjugale et paternelle, ça ne fait que de mauvais marins... en mer... vite en mer !.. Mais j'oubliais... et la petite Anna... est-ce que nous ne l'embrassons pas ?..

MARGUERITE, *l'arrêtant.* Elle est avec sa mère, et M. de Savigny m'a promis...

ÉDOUARD. Elle aussi... partir sans la revoir... sans l'embrasser !.. Ah ! je vais laisser ici toutes mes espérances... tous mes plaisirs... toute ma vie... faites-leur mes adieux , Marguerite, et parlez-leur souvent de leur ami...

DUFRÈNE, *qui a été au fond du théâtre.* Eh ! mon Dieu !.. l'on me fait des signaux !.. ne tardons plus... partons...

ÉDOUARD. Arrête, mon ami... c'est elle... je l'aperçois...

DUFRÈNE. Il n'est plus temps , viens vite...

ÉDOUARD , *joignant les mains.* Caroline !..

MARGUERITE , *se mettant devant lui.* Au nom du ciel, monsieur Edouard !..

MORCEAU D'ENSEMBLE.
Musique de M. Hormille.

ÉDOUARD.

h ! ce malheur
Brise mon existence ;
Dans ma douleur
Il n'est plus d'espérance.
O souffrance
De l'absence !
Oui, d'avance,
De l'absence
Mon cœur ressent la souffrance,
Rien n'égale ma souffrance !
Caroline, de te revoir
Dois-je encor garder l'espoir ?

MARGUERITE.

De votre cœur
Que je plains la souffrance.
Mais ce malheur
N'est pas sans espérance...
Confiance,   }
Espérance, } *(bis.)*
Un jour finiront, je pense,
Les maux d'une longue absence
Partez , et de la revoir,
Coservez toujours l'espoir.

DUFRÈNE.

Allons, du cœur !
Il faut quitter la France...
Dans ton malheur
Il n'est plus d'espérance !
Patience !
Oui, d'avance ,
Je le pense,
Ta souffrance
Doit se guérir par l'absence,
Oui, c'est là mon espérance...
Allons, viens, de la revoir
Ne conservons plus l'espoir.

    (*Dufrène sort en entraînant Édouard.*)

MARGUERITE, *seule.* Pauvre jeune homme !.. si je le rappelais... Non , non... un pareil mariage ! cette enfant en mourrait !

SCENE XII.

Mme DÉLIANE, MARGUERITE.

Mme DÉLIANE *entre pendant la ritour-
nelle , et regardant au fond du théâtre.* Eh
mais! n'est-ce pas lui qui s'éloigne?..

MARGUERITE, Oui, madame...

Mme DÉLIANE. Où va-t-il?

MARGUERITE. Au rivage... pour s'embarquer.

Mme DÉLIANE. O ciel! il refuserait ma
main aux conditions que j'y ai mises?..
l'intérêt aurait tant d'empire sur lui?..

MARGUERITE, *avec émotion.* Non, madame; ne le croyez pas... il est digne de
tout votre amour et de toute votre es-
time... il vous aime, et vous aimera toujours...

Mme DÉLIANE. Qui peut donc l'engager
à partir?

MARGUERITE. C'est moi, madame...

Mme DÉLIANE. Vous?.. comment?.....
qu'avez-vous fait?

MARGUERITE. Ce que la prudence m'a
commandé...

Mme DÉLIANE, *troublée.* Courez vite...
ah! courez au rivage... rétractez vos paroles... il en est temps encore... Allez... je
vous en prie, et je vous pardonnerai tout...

MARGUERITE. Souffrez, madame, que je
vous désobéisse.

Mme DÉLIANE, *avec colère.* Marguerite!
est-ce une ancienne amie qui se conduit
ainsi!.. quelqu'un... vite quelqu'un... ou
plutôt, je vais moi-même...

(Elle va pour sortir.)

MARGUERITE. Arrêtez, madame, je vous
en conjure, au nom de votre fille!

Mme DÉLIANE. Que voulez-vous dire?

MARGUERITE. Vous ne l'avez donc pas
observée... vous auriez vu qu'elle souffre,
qu'elle languit... que sa jeune tête se pen-
che... que ses joues perdent leur éclat..

Mme DÉLIANE. Non... Quelquefois je re-
marque qu'elle est vive... enjouée...

MARGUERITE. Toujours, quand il est là..

Mme DÉLIANE. Qui donc?..

MARGUERITE. Celui qui part...

Mme DÉLIANE. Edouard!..

MARGUERITE. Elle l'aime...

Mme DÉLIANE. Ma fille!..

MARGUERITE. Voilà mon secret.

Mme DÉLIANE, *atterrée.* Elle l'aime!..

MARGUERITE. Oui, j'ai lu dans cette
ame naïve... elle ignore la force du sentiment qui s'est emparé d'elle... à ses yeux,
il est légitime... c'est presque un devoir,
presque une vertu, car il est né de la reconnaissance; oui... madame, en vous
voyant arrachée à la mort comme par mi-
racle, tout son cœur a tressailli, et votre
libérateur est devenu un dieu pour elle;
elle l'a aimé, parce qu'elle vous aimait...
et l'habitude de voir ce jeune homme n'a
fait depuis qu'aggraver le mal...

Mme DÉLIANE. Ah! vous vous trompez!..

MARGUERITE. Non, madame, non, je
ne me trompe pas... et si vous aviez étudié
comme moi les impressions de ce jeune
cœur...

Mme DÉLIANE, *avec force.* Oh! je les
aurais effacées... pourquoi ne pas l'avoir
fait?.. pourquoi ne pas m'avoir avertie?..

MARGUERITE. Déjà il était trop tard!..
déjà votre penchant s'était trahi!.. quand
le sien était insurmontable...

Mme DÉLIANE. Insurmontable! l'amour
d'une enfant!..

MARGUERITE. C'est le premier, madame!..

Mme DÉLIANE. Vous aurez mal vu, mal
compris... ce n'est point de l'amour, mais
une illusion de l'esprit... une exaltation
passagère, que ma sagesse aurait calmée,
et bientôt...

ANNA, *en dehors.* Maman... maman...

Mme DÉLIANE. Je l'entends.. c'est elle...

MARGUERITE. Elle accourt de ce côté...
quelle pâleur!.. quelle agitation!

SCENE XIII.

LES MÊMES, ANNA.

ANNA, *se jetant dans les bras de sa mère.*
Ah! maman!...

Mme DÉLIANE. Qu'avez-vous, Anna?...
d'où vient le désordre où je vous vois?...

ANNA. Est-ce qu'il va partir?...

Mme DÉLIANE. Qui donc?...

ANNA. M. Edouard?.. Je l'ai vu.. j'étais
assise au bord de la mer... je l'ai vu qui
se dirigeait vers le navire de M. Dufrène..
plusieurs matelots le suivaient... portant
des caisses, des ballots... puis à bord tout
s'est mis en mouvement... les voiles se
sont déployées... on n'attend plus que le
signal... Tenez, d'ici vous pouvez le voir.

(Elle regarde par la fenêtre à droite.)

Mme DÉLIANE. Oui, oui, c'est lui!..

ANNA. Auriez-vous reçu ses adieux?..
Oh! non... non, n'est-ce pas, il ne m'aurait pas oubliée?

Mme DÉLIANE. Ma fille!..

ANNA. Et vous ne le retenez pas!.. Il nous a vues... tenez...

Mme DÉLIANE. Il tend les mains vers nous...

ANNA , *agitant son mouchoir.* O ciel! ces cris de départ.

(On entend un coup de canon.)

Mme DÉLIANE. Le signal!..

ANNA. Ah! maman... je me meurs!..

(Elle s'évanouit.)

Mme DÉLIANE , *courant à elle.* Ma fille!..

MARGUERITE. Vous le voyez, madame...

ACTE II.

Le théâtre représente l'intérieur d'un pavillon ; porte au fond donnant sur les jardins , portes latérales. Une table garnie, à gauche; un petit guéridon à droite.

SCENE PREMIERE.

MARGUERITE, ANNA, *assises.* (*Marguerite est auprès du guéridon, Anna auprès de la table.*)

MARGUERITE. Il est temps de vous décider, ma chère enfant; que répondez-vous à la proposition de M. Derneval?..

ANNA. Qu'elle m'honore infiniment, mais que je ne me sens pas disposée à l'accepter.

MARGUERITE. C'est le plus riche négociant de Rochefort... il est jeune et paraît fort aimable.

ANNA. Ceux qui se sont présentés avant lui, n'avaient-ils pas les mêmes avantages?.. et cependant je les ai refusés.

MARGUERITE. Entre autres, cet aventurier qui est venu s'établir tout près de nous, M. Richard Delaunay!..

ANNA. Oh! ne me parle pas de cet homme!.. son nom seul m'inspire de l'effroi... c'est qu'aussi il ne cesse de me persécuter... je ne puis sortir sans le rencontrer sur mes pas... tout-à-l'heure encore, devant la grille qui tient à ce pavillon... à peine la présence de Marie semblait-elle lui imposer.

MARGUERITE. Je ne vous quitterai plus, mon enfant...

ANNA. Et ces lettres furtivement glissées dans mes livres... dans mon ouvrage, et jusque sur ma toilette... tu les as lues?... ne contenaient-elles pas des menaces ?

MARGUERITE. Ne vous en effrayez pas!

ANNA. Et ces injustes procès que nos voisins nous suscitent... c'est lui qui, j'en suis sûre, les encourage secrètement, pour nous faire sentir la nécessité d'une protection.

MARGUERITE. Je le crains aussi, mais prenez patience, nous obtiendrons justice.

ANNA. Deux femmes seules, entourées d'ennemis!.. Pourquoi ma bonne mère nous a-t-elle donc quittées?

MARGUERITE. Il le fallait... vous savez que des affaires importantes l'ont appelée à Bordeaux.

ANNA. Et depuis ce temps, elle ne m'a écrit qu'une seule fois... déjà, ce matin, j'ai envoyé inutilement à la ville... je suis inquiète de sa santé... elle était si souffrante quand elle s'est mise en route !.. sais-tu, ma bonne amie?.. j'ai pensé bien souvent qu'elle nous cachait quelque profond chagrin.

MARGUERITE. Quelle idée!...

ANNA.

Air *du Piége.*

Mais de le pénétrer un jour
Je n'ai pas perdu l'espérance ;
Moi, l'objet de tout son amour ,
J'ai des droits à sa confiance...
C'est pour mon cœur le premier des besoins ;
L'isolement redouble encor les peines ;
Mais je crois que j'en aurai moins,
Quand je partagerai les siennes.

Et toi aussi , il me semble que tu me caches un secret ; pourquoi, lorsque je te parle d'elle, cherches-tu toujours à détourner l'entretien ?

MARGUERITE. Parce que vous vous livrez sans cesse à de vaines alarmes ; votre esprit, chère enfant, est trop enclin à la rêverie, à la tristesse...

ANNA, *se levant.* Il est vrai, je l'éprouve surtout quand le ciel est sombre comme aujourd'hui; le spectacle des orages me remplit l'ame d'une vague terreur, je pense alors aux voyageurs qui sont sur mer.... s'il revenait par un temps semblable...

MARGUERITE. Qui donc?..

ANNA. M. Edouard...

MARGUERITE. Quoi! vous songez encore?...

ANNA. Puis-je l'oublier, quand je pense

ma mère... lui, son libérateur... ah! je me rappelle bien qu'au moment de son départ, il y a trois ans, lorsque maman et toi, vous vous empressiez de me ranimer, elle s'est écriée en m'embrassant : « Il reviendra. »

(Elle vient s'asseoir auprès de Marguerite.)

MARGUERITE, *à part.* Imprudente parole!

ANNA. Et puis, tu m'accuses quelquefois d'être faible et superstitieuse... et je crains qu'en effet mon esprit ne s'affaiblisse de jour en jour... Est-ce ma faute, si, à la moindre alarme, au moindre bruit, ma tête se trouble, mon sang se glace, et si je me sens prête à mourir... l'éloignement de ma mère, notre isolement... les persécutions qui m'entourent... tout cela abat mon courage... et souvent je n'ai plus la force de distinguer entre l'illusion et la réalité... plusieurs fois, j'ai cru le voir, lui, Édouard... cette nuit encore... il était pâle et souriait tristement... nous le reverrons, te dis-je!.. (*elle se lève*) son absence ne peut être éternelle... et je ne sais pourquoi, je n'imagine qu'il songe encore à nos jeux d'autrefois... vous n'avez pu me cacher qu'il écrivait à maman... et je suis sûre que dans ses lettres il lui parlait de moi... car, en les lisant, elle me regardait toujours à la dérobée.

MARGUERITE, *à part.* Chère enfant.... si elle savait!..

ANNA. Mais hélas! voilà deux mois écoulés depuis les dernières nouvelles.

MARGUERITE. Déjà deux mois...

ANNA. La veille même du jour où maman est partie pour Bordeaux.

MARGUERITE. Il est vrai, mon enfant... et pourtant son départ n'avait rien de commun avec cette lettre... mais laissons cela... revenons à d'autres idées... il faut vous distraire...

ANNA. Ma seule distraction, c'est de rester dans ce pavillon isolé, d'où l'on découvre l'Océan... j'y passe des heures entières... les yeux attachés sur l'espace où j'ai vu fuir son vaisseau... il me semble toujours que je vais le revoir à l'horizon.

MARGUERITE. Enfant!.. et s'il ne revient pas?..

ANNA, *avec un soupir.* J'attendrai... ne te fâche pas, bonne Marguerite... et ne regrette pas ma gaîté d'autrefois... cette vie mélancolique n'est pas sans charmes... ainsi, ne me parle plus de mariage... de position brillante et enviée, et laisse-moi, dans ma solitude, me livrer à un sentiment qui n'a pas de raison peut-être, mais qui, du moins, me remplit le cœur.

MARGUERITE, *à part.* Je l'avais bien prévu... plus d'espoir de la guérir...

ANNA. Mais il est temps que Marie retourne à la ville; si ma bonne mère nous avait écrit... ah! que la vue d'une lettre me ferait de bien!.. comment ne le devinet-elle pas!.. mais à sa place, moi, j'aurais déjà envoyé vingt courriers... dussent-ils ne porter que ces mots : Je t'aime... je t'aime... rassure-toi.

Romance de l'Ange.

A ma vive instance
Quand rien ne répond ,
Je sens mieux l'absence
Et mon abandon ;
Mais qu'un seul mot vienne
Consoler mes yeux...
Ah ! l'absence est vaine
Et nous sommes deux.

Aussi, je vais presser Marie... tu me rejoindras au bout du parc, près de notre habitation... ne me laisse pas long-temps à moi-même... des trois personnes que j'aime... tu es la seule qui me restes...

MARGUERITE, *l'embrassant.* Chère enfant!..

(Anna sort par le fond.)

SCÈNE II.

MARGUERITE, *seule.* Hélas!.. j'avais espéré, avec la pauvre Caroline, que ce malheureux penchant céderait à l'absence et au temps. Combien nous nous étions trompées!.. la reconnaissance s'est changée en amour!.. c'est un feu, qui depuis trois ans n'a fait que redoubler d'ardeur dans ce jeune cœur formé du sang des créoles... nouvelle inquiétude ajoutée à tant d'autres, quand il faudrait à cette ame fatiguée un peu de repos et de bienêtre. (*Elle se lève.*) Etrange instinct d'une passion véritable... en ce moment peut-être ce jeune homme fait voile vers la France.... elle ignore qu'il doive jamais revenir... et pourtant la pauvre petite semble l'avoir deviné... elle craint la tempête !.. et moi, je tremble aussi !.. voilà plus de dix jours qu'il devrait être arrivé... les dangers du voyage ne sont pas les seuls qui m'inquiètent... quelles seront les suites du retour?.. mais, hélas !.. à quoi servent mes réflexions !.... pauvre femme !.. (*elle va à la porte de gauche.*) Mais qu'entends-je ?

SCENE III.

MARGUERITE, EDOUARD, DU-FRÈNE.

ÉDOUARD *et* **DUFRÈNE**, *entrant par le fond.*

AIR *des Huguenots.*

Salut au rivage !
Après un long voyage ,
Ah ! combien l'orage
Fait aimer le port !
Beau pays de France !
J'ai, pendant l'absence ,
Gardé l'espérance
De te voir encor.

DUFRÈNE. Eh ! bonjour , ma bonne dame... voilà le premier visage féminin que je rencontre... permettez-moi de l'embrasser..... ah ça! on nous laissait donc en quarantaine à cette extrémité du parc?

ÉDOUARD. Ah ! madame, quel plaisir de vous revoir !..

MARGUERITE. Dieu soit loué !.. vous voilà de retour.

DUFRÈNE. Et l'*Infatigable* aussi... bien que le gros temps nous ait retenus dix jours en vue de la côte... enfin, après trois ans de séjour sur terre et sur mer... plus volontiers sur mer, nous voilà débarqués en bonne santé.

ÉDOUARD. Ah ! quel bonheur j'éprouve... à chaque pas une nouvelle émotion... j'ai revu les ombrages sous lesquels elle aimait à rêver... c'est ici le pavillon écarté où bien souvent j'ai donné des leçons à sa fille... c'est encore ici, que tous les trois nous nous plaisions le soir à contempler la mer... ah! chaque objet que j'aperçois réveille mes souvenirs... et avec eux tout mon amour.

DUFRÈNE. Toujours le même, comme vous voyez. Depuis notre départ, je m'étais flatté d'avoir calmé son effervescence.... figurez-vous qu'au sortir du port, le vent avait tourné subitement, et nous avait envoyé la plus belle tempête !.. on a beau être amoureux, ça secoue toujours un peu les idées; ensuite, les opérations de commerce !.. on spécule, on double sa fortune, ça occupe... ça distrait !.. j'avais compté là-dessus ; mais pas du tout...

ÉDOUARD. Eh bien! madame, puis-je voir Mme Déliane? daignez me conduire auprès d'elle.

MARGUERITE, *d'un ton composé.* C'est Mlle Anna qui va vous recevoir...

ÉDOUARD. Anna !.. cette charmante enfant.. ah! quelle joie... mais sa mère?...

MARGUERITE, *de même.* Vous ne la trouverez pas dans cette maison.

ÉDOUARD. Qu'entends-je?

DUFRÈNE. Mme Déliane n'a donc pas reçu la lettre qui lui annonçait notre arrivée?..

MARGUERITE. Elle l'a reçue...

DUFRÈNE. Et elle s'en va... comme c'est aimable!.. du diable , si j'entends rien aux femmes... Je ferai bien de rester sur mer.

ÉDOUARD. Est-il bien possible?..

DUFRÈNE. Et dites-moi... son voyage sera-t-il long?...

MARGUERITE. Je le crains..

DUFRÈNE. Ainsi, nous ne la verrons pas.

MARGUERITE. J'en ai peur...

DUFRÈNE. Bon!... voilà les réponses équivoques qui recommencent comme autrefois... je n'ai pas le temps de chercher ce que cela veut dire... la tempête m'a fait perdre dix jours..... au surplus, sois homme... je t'attends à mon hôtel... ah! pauvre Edouard, si tu avais mon caractère, tu serais resté à bord.

AIR : *Vaudeville du Charlatanisme.*

De l'amour crains-tu le tourment?
Viens te réfugier sur l'onde;
Tout exprès, le ciel complaisant
En deux parts divisa le monde ·
De l'Océan l'homme est le roi ,
C'est son empire, son asile ;
Mais la femme impose sa loi
Sur la terre, et voilà pourquoi
On n'y peut pas vivre tranquille :
Tu n'y vivras jamais tranquille.

(*Il sort par le fond.*)

SCENE IV.

ÉDOUARD, MARGUERITE.

ÉDOUARD, *à part.* Que veulent dire ces paroles mystérieuses? ah! je tremble... j'ose à peine interroger Marguerite. (*Allant à elle.*) D'après l'espoir que vous m'aviez donné, madame, je reviens après trois ans d'absence.

MARGUERITE. Je vous attendais...

ÉDOUARD. Vous?.. madame...

MARGUERITE. Avec Mlle Déliane...

ÉDOUARD, *avec anxiété.* Mais sa mère?..

MARGUERITE. Ne vous a-t-on pas appris qu'elle est partie pour Bordeaux... il y a deux mois?...

ÉDOUARD. Partie?... juste ciel!... mais sans doute elle va revenir...

MARGUERITE, *lentement.* Sa fille le croit du moins, et je l'entretiens dans cet espoir?

ÉDOUARD. Qui pourrait la retenir loin de nous?

MARGUERITE. Ah! monsieur... rappe-
z tout votre courage!...

ÉDOUARD, *avec une anxiété croissante.*
u courage!... j'en aurai... parlez... au
om du ciel... qu'avez-vous à m'appren-
re?... pourquoi ce départ?

MARGUERITE. Elle était souffrante...
lle voulait cacher à sa fille les progrès du
al qui la minait sourdement.

ÉDOUARD. Que dites-vous?.. quelle nou-
elle inquiétude! ô ciel! chère Caroline!..
ais elle existe, n'est-ce pas? elle existe, je
eux la revoir, la rejoindre sur-le-champ.

MARGUERITE. Hélas! il est bien tard!...

ÉDOUARD. Comment?..

MARGUERITE. Elle m'avait chargée de
ous transmettre ses adieux... elle vous a
crit.

ÉDOUARD. Ses adieux! Ah! madame!..

(Il tombe sur un siége.)

MARGUERITE. Elle vous a écrit, vous
is-je...

(Elle lui présente une lettre.)

EDOUARD, *prenant la lettre et la regar-
ant.* Ah! mon Dieu!

MARGUERITE. Lisez...

ÉDOUARD, *décachetant la lettre.* Oui, je
ais... je... ma main tremble... je n'y vois
lus... ah! veuillez vous-même...

(Il lui remet la lettre.)

MARGUERITE, *lisant.* « Quand deux amis
se sont séparés.... le premier des deux
dont le cœur cesse de battre, doit laisser
à l'autre un souvenir de tendre affection.
Le moment est venu pour moi de rem-
plir ce devoir sacré, je le sens... et quand
Marguerite vous remettra cette lettre,
tout sera fini dans ce monde pour la
pauvre Caroline. »

ÉDOUARD, *accablé.* C'en est donc fait...

MARGUERITE. Faut-il que je continue,
monsieur Édouard?.... êtes-vous en état
d'écouter le reste?

ÉDOUARD. Achevez!... ou plutôt don-
ez... donnez... que je voie encore ces ca-
actères chéris... allons, de la fermeté!..
Il lit.) « A cet instant suprême, mon plus
grand chagrin est de songer à celui que
je vais vous causer; car, en quittant ma
fille, une idée consolante adoucit l'a-
mertume de cette séparation... Il est
temps, mon ami, de vous révéler le
malheur qui nous a éloignés l'un de
l'autre... J'avais une rivale, Édouard,
qui vous aimait de toute son ame, et
cette rivale... c'était ma fille!.. » (*S'in-
terrompant.*) Anna!!

MARGUERITE. Oui, monsieur.

ÉDOUARD. Ah! je conçois tout mainte-
nant. (*Il reprend la lettre et continue de lire.*)
« Vivante, je ne pouvais parler sans ex-
» poser l'une de nous à rougir; mourante,
» je vous confie ce secret. Oui, le cœur si
» pur d'Anna vous appartenait à son insu!
» chère enfant!.. j'étais de trop ici-bas
» pour son repos!... qu'elle ignore long-
» temps la perte qu'elle va faire!... »
(*A Marguerite.*) Ah! madame!..

MARGUERITE. Elle l'ignore toujours.

ÉDOUARD, *lisant.* « Je vous connais;
» vous n'abuserez pas d'une pareille révé-
» lation... vous ne voudrez pas nourrir ses
» espérances sans partager ses sentimens...
» voici donc ce que j'attends de vous: le
» jour même de votre arrivée, vous vous
» déciderez, je vous en prie, ou à deman-
» der sa main, ou à la fuir pour jamais. Je
» la laisse presque seule sur la terre; pro-
» tégez-la, mon ami; tâchez de l'aimer,
» elle est digne de vous; puisse-t-elle en-
» fin trouver le bonheur, qui a toujours
» échappé à sa mère! » (*Baisant la lettre.*)
Oh! chaque mot de cette lettre a pénétré
dans mon ame. Caroline! ange de dévouement, pardonne-moi si j'ai pu te mécon-
naître.

(Il s'assied.)

MARGUERITE. Je respecte votre douleur,
monsieur Edouard.... j'ai fait ce qui m'é-
tait ordonné, et je vous laisse, dans la
crainte d'être importune! (*A part, en le regardant.*) Comme il l'aime encore!.. que
fera-t-il?

(Elle sort par la gauche.)

SCENE V.

EDOUARD, *seul, se levant.*

Eh bien! que l'on vienne encore nous
parler de pressentimens!.... j'arrivais le
cœur joyeux, impatient, libre de craintes
et d'inquiétude, et voilà ce qui m'atten-
dait!... oh! c'est affreux à penser!... la
perdre ainsi, quand je revenais lui consacrer
ma vie!... un cœur si pur, si tendre... et
dont tout le prix se révèle quand il m'est
ravi pour toujours... (*Il parcourt encore la
lettre.*) Sa fille!... sa rivale!.... oh! cette
idée me fait mal!... (*Il relit un passage de
la lettre.*) « Le jour même de votre arri-
» vée, vous vous déciderez à demander sa
» main, ou à la fuir pour jamais!.. » (*A
lui-même.*) Mon devoir est tracé par ces
mots, éloignons-nous sans retard... Depuis si long-temps cette enfant doit m'a-
voir oublié... il ne faut pas que ma pré-

sence ranime des souvenirs éteints... allons, retournons à cette vie agitée que j'avais prise en haine... autrefois, du moins, j'étais soutenu par le désir d'amasser des richesses.... à présent, qu'en ferais-je?.... Mais j'y pense, avant de partir... cette jeune Anna!... quel plus noble emploi de ma fortune?... je la destinais à Caroline; que ce soit la dot de sa fille!... ainsi, j'acquitterai une dette sacrée; ainsi, j'aurai fait tout ce qu'il est en moi pour la rendre heureuse!... chère enfant!... (*Il se place à la table et écrit.*) Oui, c'est cela, une lettre instruira Marguerite.

SCENE VI.

ANNA, ÉDOUARD.

ANNA, *entrant précipitamment par le fond.* J'ai peur... il m'a semblé que cet homme m'épiait encore!... (*Apercevant Édouard.*) Quelqu'un ici... que vois-je!... monsieur Édouard?

ÉDOUARD, *se levant.* Anna!...

ANNA, *avec joie.* Vous voilà donc... on ne me l'avait pas dit... mais je l'avais deviné... on parlait d'un bâtiment qui venait d'échapper au naufrage. . si c'était le sien, ai-je pensé tout de suite, et je courais au rivage, lorsqu'à la vue d'un étranger, je suis rentrée précipitamment... enfin, après une si longue absence, vous vous êtes souvenu de vos anciens amis.

ÉDOUARD, *se contraignant.* Mademoiselle...

ANNA, *avec abandon.* Que de fois aussi nous avons pensé à vous!... nous vous suivions en idée dans vos courses lointaines, sur les flots, au milieu des périls... le ciel n'avait pas un nuage que nous ne vissions avec terreur!... que de craintes, que de prières pour les jours de l'ami généreux à qui nous devons ceux de ma mère...

ÉDOUARD, *à part.* Hélas!...

ANNA. Combien elle regrettera de ne pas vous recevoir elle-même! car vous ne savez pas... elle est à Bordeaux, et sa santé nous alarme!... Mais, si vous vouliez lui faire plaisir, nous irions la voir.

ÉDOUARD. Ah!... que dites-vous?

ANNA. Marguerite, vous et votre ami... le charmant voyage! et quelle douce surprise pour elle!...

ÉDOUARD, *à part.* Pauvre orpheline!... (*Haut avec embarras.*) C'est que je ne sais, chère Anna, s'il me sera permis de rester à Rochefort.

ANNA. Comment! à peine arrivé, vous songeriez à repartir?... toujours voyager, toujours courir le monde, les hasards, les périls?.. inquiéter vos amis?... quoi donc? après tant de fatigues n'aspirez-vous pas au repos?...

ÉDOUARD. Ah! c'était mon plus cher désir... la vie la plus calme, la plus simple dans cette contrée si pleine de souvenirs.

ANNA. Oui, je le sais... c'est ce que vous écriviez à maman quelquefois, elle en parlait devant moi... qui peut donc vous faire changer d'idée?

ÉDOUARD. Oublions ce qui me regarde. . occupons-nous de vous, Anna... de vous seule...

ANNA. De moi... monsieur Édouard!... mon existence est si uniforme... toute mon histoire est dans mes idées, dans mes souvenirs... hélas! que vous importe?...

ÉDOUARD. Doutez-vous de l'intérêt que vous m'inspirez?...

ANNA. Vous voulez partir!

ÉDOUARD. Mais auparavant je voudrais vous savoir heureuse.

ANNA. Puis-je l'être, loin de ma mère et de nos amis? oh! si elle était là, elle saurait bien vous retenir!... elle vous parlerait si bien de ce beau pays dont vous revenez, et qui est ma patrie, à moi! elle écouterait avec tant de plaisir le récit de vos aventures... et moi aussi, vous me verriez attentive, souvent émue, quelquefois un peu rieuse, comme vous m'aimiez il y a trois ans, et quand votre ami vous rappellerait avec orgueil vos jours de dangers... moi, je vous rappellerais avec joie que vos dangers sont passés.

ÉDOUARD. Charmante!... (*A part.*) Ah! c'est le même accent et le même cœur!..

ANNA.

AIR *du Rocher Saint-Malo.*

Ah! je me rappelle
Combien était belle
Ma vie, en ces jours si doux.
Près d'elle et de vous!

Que d'aimables habitudes
Charmaient alors nos instans,
Vos leçons et mes études...
Mais hélas! depuis ce temps,
Votre écolière jamais
N'a pu faire de progrès.

Ah! je me rappelle, etc.

Par vos récits égayée,
J'étais folle, et quand le soir
On prolongeait la veillée
Par quelque conte bien noir,
Mon cœur prêt à défaillir
Vous cherchait pour s'enhardir.

Ah ! je me rappelle
Combien était belle
Ma vie, en ces jours si doux,
Près d'elle et de vous !

ENSEMBLE.

ANNA.

Ah ! je me rappelle
Combien était belle
Ma vie en des jours si doux,
Près d'elle et de vous,
Auprès de vous !

ÉDOUARD.

Hélas ! que dit-elle ?
Ah ! je me rappelle
Qu'une autre, en des jours si doux,
Était près de nous.

ÉDOUARD. Chère enfant, oui, vous l'avez dit... je suis votre ami... votre meilleur ami... parlez - moi sincèrement... Depuis trois ans que je vous ai quittée... des idées plus sérieuses que nos souvenirs ont dû quelquefois vous occuper ?

ANNA. Non...

ÉDOUARD. Cependant, tout paraît changé en vous, et vous avez, je pense, formé quelques projets d'avenir...

ANNA. Comment ?

ÉDOUARD. Accepté quelque honorable établissement ?

ANNA, *baissant les yeux.* Monsieur...

ÉDOUARD. Ah ! de grâce, répondez... et si vous avez distingué quelqu'un dans ce pays...

ANNA. Dans ce pays, personne. .

ÉDOUARD, *à part.* Se pourrait-il ? (*Haut.*) Cependant on a dû rechercher votre main...

ANNA. On a recherché ma fortune, et je lui dois bien des persécutions.

ÉDOUARD. Qu'entends-je ?

ANNA. Chaque jour des importunités, des efforts détournés, jusqu'à nous susciter des embarras d'affaires ; jusqu'à m'aborder audacieusement ; jusqu'à m'adresser des lettres menaçantes...

ÉDOUARD, *indigné.* Quelqu'un oserait ?..

ANNA. M. Delaunay... celui que je fuyais en entrant... Aussi, quelle fut ma joie en vous voyant de retour !

ÉDOUARD, *vivement.* Oui, chère Anna... comptez sur moi. (*A part.* O Caroline !.. pour protéger ton enfant, je n'aurais pas attendu tes ordres.

ANNA. Plaît-il ?..

ÉDOUARD, *avec force.* Vous l'avez dit... je suis là pour vous défendre...

ANNA. Vous resterez donc avec nous ?

ÉDOUARD. Je ne partirai pas du moins sans avoir assuré votre tranquillité.

ANNA. Que vous êtes bon !.. et que je vous remercie...

SCÈNE VII

LES MÊMES, MARGUERITE.

ANNA, *allant au-devant d'elle.* Ah ! viens, ma bonne !.. viens partager ma joie !.. c'est notre ami, qui est de retour.

MARGUERITE, *froidement.* Je le savais !..

ANNA. Et tu ne m'avais pas avertie !.. mais je m'oublie auprès de vous... Ah ! je me le reproche bien vivement, car c'est ma mère qui me rappelle...

ÉDOUARD. Comment ?..

ANNA. Je vais bien vite lui écrire pour lui annoncer votre arrivée et votre séjour dans cette maison... (*à Marguerite*) car il reste ; je l'ai décidé, c'est convenu.

MARGUERITE. Ah !.

ANNA. Nous tâcherons qu'il n'ait pas de regret ..

(Elle sort par la droite en faisant à Édouard un signe d'amitié.)

SCENE VIII.

MARGUERITE, ÉDOUARD.

MARGUERITE. Est-il vrai, monsieur ?..

ÉDOUARD, *avec réserve.* Je n'ai encore pris, madame, aucune résolution de ce genre. L'alternative qui m'est imposée est trop délicate. Avant de répondre à votre impatience bien naturelle, j'ai besoin de solitude et de réflexion ; mais quoi qu'il arrive, madame, je connais tous mes devoirs... et vous serez contente de moi ..

(Il sort par le fond.)

SCENE IX.

MARGUERITE, *seule.*

Que dois - je penser ?.. Quand finira cette pénible incertitude ?.. et que vais-je dire à celle qui m'attend avec une si vive anxiété?.. mais je l'entends... Quelle impudence! elle s'avance de ce côté; heureusement Anna est occupée à la maison, loin de ce pavillon...et M. Edouard est parti... Elle vient par ici... Madame!.. que faites-vous, madame?

SCENE X.

MARGUERITE, Mme DÉLIANE.

Mme DÉLIANE, *entrant vivement par la gauche.* Ah!.. je n'y puis résister... laissez-moi, Marguerite... l'agitation de mon cœur...ne me permet pas de rester seule...

MARGUERITE. Mais, madame... vous m'aviez promis!..

Mme DÉLIANE. Pendant huit jours, enfermée dans ce pavillon éloigné... j'ai attendu avec patience... Depuis mon retour de Bordeaux, à peine ai-je entrevu ma fille... ma pauvre Anna... moi, qui connaissais ses alarmes... J'ai eu le courage d'accomplir ma résolution jusqu'au bout... Mais aujourd'hui, quand il revient.. quand mon sort est en suspens... quand chaque minute peut le changer ou le fixer à jamais... il me semble, en vous cherchant, que je vais le hâter...

MARGUERITE. C'est tout risquer au contraire! Songez donc! si l'on vous voyait.

Mme DÉLIANE. Je me suis assurée que vous étiez seule. (*A voix basse.*) Il vient de vous quitter! vous l'avez vu, vous, Marguerite, toujours noble et bon, n'est-ce pas; toujours digne d'être aimé? Tout-à-l'heure il était là, là à cette place, si près de moi; et jamais, non jamais peut-être il ne le saura; car pour lui seul j'ai cessé de vivre.

MARGUERITE. Vous l'avez mis au désespoir!

Mme DÉLIANE. Que Dieu me le pardonne! Ah! j'étais sûre de son cœur.

MARGUERITE. Je lui ai dépeint vos longues souffrances... je n'ai rien caché, rien affaibli.

Mme DÉLIANE. Hélas!

MARGUERITE. Autrefois, madame, quand il m'a fallu choisir entre vous et votre fille, il m'en a cruellement coûté; mais je me suis dit : la plus jeune est aussi la plus faible! Je craignais de briser cette ame si fragile; et puis, je l'avais nourrie; c'était

aussi mon enfant, à moi, et j'ai été bien dure pour vous! Mais aujourd'hui, en vous voyant si malheureuse, et pourtant si résignée, je n'ai plus le courage de vous donner un conseil... Décidez vous-même de votre sort, madame; et moi, moi, je ne puis que vous admirer.

Mme DÉLIANE. Que voulez-vous, mon amie? nous ne pouvions être heureuses toutes deux; une mère épuiserait son sang pour sa fille, eh bien! j'ai fait plus... je me suis dit : je lui sacrifierai mes joies, mes espérances, les battemens de mon cœur; enfin tout ce qui fait la vie, je le donne pour embellir la sienne; et la récompense sera dans la vue de son bonheur, si je puis le voir un jour! Ainsi, Marguerite, continuez mon ouvrage; parlez lui de ma fille, faites qu'elle lui plaise. Parmi les qualités de mon Anna, sachez distinguer celle qui le séduira le plus... vantez ses talens que j'ai cultivés, ses vertus que j'ai formées pour lui... Montrez-lui ces lettres que j'ai reçues d'elle, et où s'épanche toute la bonté de son ame; allez, s'il le faut, jusqu'à l'éloigner de moi, jusqu'à lui dire que je l'avais oublié; hélas! je n'ai pas pu l'écrire; tâchez enfin qu'il l'aime, qu'il l'épouse, et je vous serai reconnaissante. Si quelquefois il m'arrive de parler autrement, si la passion m'égare, si j'ai l'air d'une rivale plus que d'une mère, alors ne m'écoutez pas, Marguerite : à présent seulement je dis la vérité.

MARGUERITE. Je m'en souviendrai, madame.

Mme DÉLIANE.

Romance de l'Ange.

A ma voix fidèle,
Obtenez ici
Son amour pour elle,
Pour moi son oubli;
D'une ame envieuse
J'abjure les vœux...
Qu'elle soit heureuse
Et nous serons deux.

MARGUERITE. Je ferai mes efforts pour vous obéir.

Mme DÉLIANE, *souriant amèrement.* Votre tâche sera facile; jeune, aimé, il sait aujourd'hui ce qu'il ignorait autrefois; maintenant, elle est belle, ma fille, la comparaison ne serait plus à mon avantage, et quand il la reverra...

MARGUERITE. Il l'a revue, madame.
Mme DÉLIANE. Ah! déjà!
MARGUERITE. Je l'ai retrouvé ici près d'elle.
Mme DÉLIANE, *avec anxiété.* Eh bien! quelle réponse a-t-il faite à ma lettre?

MARGUERITE. Aucune, jusqu'à présent.

Mᵐᵉ DÉLIANE. S'il ne l'aimait pas, Marguerite ! s'il résistait à cette épreuve ! s'il chérissait assez mon souvenir pour rester insensible !.. Ah ! je n'aurais pas la force de faire un second sacrifice ; allez, tâchez de savoir… non, laissez-le suivre le penchant de son cœur… Oh ! mon Dieu ! j'ai accepté le chagrin, le malheur, mais non pas les tourmens de l'incertitude.

MARGUERITE. Avant une heure, madame, j'aurai tout éclairci ; dissipez cette agitation, et rentrez, je vous en prie.

Mᵐᵉ DÉLIANE, *lui prenant les mains.* Ah ! ma chère, ma fidèle amie, à toi seule mon entière confiance.

MARGUERITE. J'en serai toujours digne ; mais on vient.

Mᵐᵉ DÉLIANE. Si c'était lui !

MARGUERITE. Retirez-vous.

Mᵐᵉ DÉLIANE. Je serai la première instruite, ah ! la première, n'est-ce pas ?

MARGUERITE. Oui, madame.

Mᵐᵉ DÉLIANE. Ah ! je sens que je n'ai plus de patience.

(Elle sort par la gauche.)

SCENE XI.

ANNA, *rentrant par la droite,* MARGUERITE.

MARGUERITE, *à part.* Anna !.. il était temps… Eh bien ?

ANNA. Rien encore ; Marie est revenue sans nouvelles. Tiens, ma bonne amie, voici ma lettre pour maman. (*Elle lui remet une lettre.*) Tu te chargeras, comme à l'ordinaire, de la lui faire parvenir ; cette fois du moins j'espère une réponse ; je lui peins mes inquiétudes, mes angoisses que j'ai honte d'avoir oubliées un instant; je la conjure de revenir bien vite, ou de me permettre au moins de l'aller retrouver.

MARGUERITE. L'informez-vous du retour de M. Edouard ?

ANNA. Oui, sans doute, car si je ne me trompe , cette nouvelle l'intéresse autant que moi.

MARGUERITE. Comment ?

ANNA. Conviens-en ; malgré ta dissimulation, je crois que j'ai tout deviné.

MARGUERITE , *avec inquiétude.* Quoi donc ?

ANNA. Ses projets pour mon bonheur,.. et je suppose entre nous que M. Edouard y est pour quelque chose.

MARGUERITE, *à part.* A qui le dit-elle ?

ANNA. Mais hélas! je ne veux pas qu'elle s'en occupe tant que je serai alarmée sur son état… la revoir d'abord, et l'embrasser, ne fût-ce qu'un moment !

MARGUERITE. Mon enfant, voilà un langage digne de vous et d'elle; quant aux projets de votre mère, si je connais ses sentimens et les vôtres , jusqu'ici , j'ignore complétement ceux de M. de Savigny.

ANNA. Il me semble pourtant que son retour…

MARGUERITE. A besoin d'être expliqué.

ANNA. Mais, ce matin , quand je lui ai confié mes craintes sur les dangers de notre position…

MARGUERITE. Quoi ! vous lui avez appris…

ANNA. Nos alarmes, les insultes de cet homme.

MARGUERITE. Quelle imprudence !

ANNA. Si tu avais vu avec quelle chaleur il voulait prendre ma défense !

MARGUERITE. Que dites-vous ?.. Mais, en effet, je me rappelle, quand il m'a quittée… ses paroles, sa physionomie.

ANNA. Tu m'effraies…. qu'ai-je dit?… qu'ai-je fait?. aurait-il eu l'idée.. où est-il maintenant?.. courons… ah ! le voilà… c'est lui.

MARGUERITE. Dieu soit loué !.. Retirez-vous, Anna, il faut que je lui parle, allez !

SCENE XII.

LES MÊMES, EDOUARD, *la main enveloppée.*

EDOUARD*. C'est elle… ah ! j'aurais voulu l'éviter.

ANNA, *passant devant Edouard, et levant les yeux, aperçoit du sang sur sa main.* Oh ! ciel ! que vois-je ? vous êtes blessé ?

EDOUARD, *légèrement.* Ce n'est rien.

MARGUERITE. Qu'avez-vous fait ?

EDOUARD. Le devoir d'un honnête homme… et M. Delaunay vient d'apprendre à vous respecter.

ANNA. Quoi! c'est pour moi ?.. exposer vos jours…. ah ! j'aurais dû le prévoir !…

* Marguerite, Anna, Edouard.

sauveur de ma mère, protecteur de sa fille, partout où il y a un dévouement, une action généreuse, c'est toujours vous que je trouve.

ÉDOUARD. Ah! c'est trop.

ANNA. Et moi qui d'abord ne me doutais de rien... Ah! si le malheur avait voulu... je frémis d'y songer... si vous aviez succombé, Edouard, moi qui en serais la cause... ah! je crois que j'en serais morte de repentir.

MARGUERITE. Anna!

ANNA. Quoi? tu veux modérer ma reconnaissance?.. une telle action...

MARGUERITE. Est celle d'un ami de votre mère.

ANNA. Ah! M. Edouard, dites-moi, je n'ai plus rien à craindre, n'est-il pas vrai? ce duel est fini... cela n'aura pas d'autres suites, vous me l'assurez... et votre blessure est sans danger... jurez-le moi, ou je ne vous quitte pas.

ÉDOUARD. Rassurez-vous.

ANNA. On veut que je m'éloigne; il me semble pourtant qu'en un pareil moment.. ne m'accusez pas, monsieur Edouard, si votre dévouement est si mal reconnu... (*montrant Marguerite*) voilà l'ingrate, et je vous laisse avec elle. (*A part.*) Oh! comme le cœur me bat!

(Elle sort.)

SCENE XIII.

MARGUERITE, ÉDOUARD.

MARGUERITE, *après un silence.* Qu'avez-vous résolu, monsieur?

ÉDOUARD. J'aurais désiré, madame, qu'il s'écoulât un long espace de temps, avant que je vinsse vous rendre compte de l'état de mon cœur; cependant, quoi qu'il m'en coûte, j'ai dû me déterminer sans délai.

MARGUERITE. Eh bien! monsieur?

ÉDOUARD, *avec effort.* Eh bien!.. je partirai.

MARGUERITE. Est-il possible!

ÉDOUARD, *ému.* Ne croyez pas pourtant que la vue de l'orpheline n'ait fait aucune impression sur moi; ses grâces, sa jeunesse, la pitié pour son malheur qu'elle ignore; enfin, la certitude que j'ai acquise de ses sentimens secrets... tout cela m'a touché au point de m'étonner moi-même; mais je me suis rappelé mes sermens, le respect éternel, la fidélité que j'ai vouée intérieurement à l'objet de mon culte, et tout autre souvenir a dû céder à celui-là.

MARGUERITE. Pourtant, monsieur, votre conduite...

ÉDOUARD. Oui; ce matin, ma première pensée fut de léguer à la jeune Anna toute cette fortune que j'avais amassée pour sa mère; mais cela ne suffisait pas... et quand j'appris que les richesses n'étaient pour elle qu'une source de persécutions, j'ai voulu, par un exemple, la mettre à l'abri de l'insulte; désormais, vengée par moi, enrichie de mes dons, elle sera libre de choisir l'époux qui, plus tard, m'effacera de sa mémoire. Il est inutile d'ajouter, madame, que jamais je ne me marierai, et que ma seule joie dans ce monde sera d'apprendre que Mlle Déliane, que notre chère Anna mène une vie plus heureuse que ne le sera désormais la mienne; vous me tiendrez informé de son sort, je vous en conjure, et si jamais elle a besoin d'un ami sincère, d'un cœur dévoué, appelez-moi, madame, je serai... toujours là. (*Se remettant.*) Voilà, madame, la seule réponse qu'il me soit permis de vous donner.

MARGUERITE, *appuyant sur ses paroles.* Vous vous êtes bien consulté?

ÉDOUARD, *avec effort.* Oui, madame.

MARGUERITE. Je vous salue.

(Elle fait la révérence et sort.)

SCENE XIV.

ÉDOUARD, *seul.*

Ah! dans quel trouble je suis! tous les liens qui m'attachaient à la vie, tous sont rompus! qu'elle m'oublie, qu'elle se console de mon absence... elle croira que je l'ai dédaignée... eh bien! c'est ce qu'il faut: au moins elle retrouvera sa tranquillité...

AIR *de Téniers.*

Autrefois, une double image
De loin m'attirait vers ces lieux.
Eh bien! voici qu'à mon second voyage,
Il faut, hélas! les perdre toutes deux.
Suivant la loi de sa triste existence,
    L'homme toujours doit être prêt,
    Quand il part sur une espérance,
    A revenir pour un regret. (*bis.*)

SCENE XV.

ÉDOUARD, DUFRÈNE.

DUFRÈNE. Parbleu, mon ami, c'est heureux que je te trouve pour te demander quelques explications... Tout le monde ici me donne à deviner des énigmes; ce matin, c'était Mme Vilbert, et tout-à-l'heure, c'était toi ; tu accours tout agité, je m'émeus ; tu me demandes mes pistolets, je te prête les miens ; tu me pries de te servir de témoin, j'accepte, tu vas sur le terrain, je te suis ; tu blesses ton homme, je le relève, et je suis encore à savoir comment et pourquoi tout cela a eu lieu.

ÉDOUARD. Celui que j'ai puni avait offensé Mlle Déliane.

DUFRÈNE. Tu es bien prompt à embrasser sa défense ; au surplus, elle le mérite ; charmante personne !

ÉDOUARD. Tu l'as revue ?

DUFRÈNE. Je viens d'être le jouet d'une singulière erreur ! En entrant dans le parc, j'ai aperçu à une certaine distance une femme vêtue de blanc, qu'à son air, à sa démarche, j'aurais juré être Mme Déliane, et tout de suite j'ai senti là une commotion ! mais tandis que je m'élançais à travers la charmille, elle avait déjà disparu ; et quelques instans après, j'ai retrouvé Mlle Anna qui se promenait dans l'allée, et que de loin apparemment j'avais prise pour sa mère... c'est que l'illusion était complète. Pour en revenir à la jeune personne, j'ai été enchanté de sa grâce, de son esprit, et si j'avais comme toi des inclinations sédentaires, des idées de terre ferme... mais qu'est-ce que je dis donc ? elle est trop jeune !.. si j'avais ton âge... Du reste, pendant tout notre entretien, elle ne m'a parlé que de toi.

ÉDOUARD. Dis-moi, mon ami, quand iras-tu prendre cargaison à La Rochelle ?

DUFRÈNE. Demain.

ÉDOUARD. C'est trop tard... Procure-moi tout de suite, je t'en prie, des chevaux et une chaise de poste.

DUFRÈNE. Une chaise de poste ! un bâtiment roulant, fi donc ! pour étouffer en route ! j'aimerais mieux être à fond de cale... je crains les cahots comme tous les diables .. Dans tous les cas, j'avancerai mon départ. Je vais en prévenir Mme Vilbert, qui ce matin a fait assurer le passage d'une dame ; une jeune dame qui ne dit pas son nom, et qui se rend en pays étranger.

ÉDOUARD. Et moi, je vais chez le notaire pour régler quelques dispositions.

DUFRÈNE. Un moment... Si je comprends rien à ta conduite... Je t'avais demandé quelques explications sur Mme Déliane, sur sa fille.

ÉDOUARD. J'aurais voulu te les épargner ; mais tu insistes ; permets-moi de ne pas revenir moi-même sur des détails... Tiens, mon ami, prends cette lettre, et tu

y trouveras tous les éclaircissemens que tu désires.

(Il sort.)

DUFRÈNE, *prenant la lettre*. A la bonne heure.

∞∞∞∞∞∞∞∞∞∞∞∞∞∞∞∞∞∞∞∞∞∞∞∞∞

SCÈNE XVI.

DUFRÈNE, *puis* ANNA.

DUFRÈNE. Bon Dieu ! que de mystères ! voilà donc le précieux document...

(Il déploie la lettre.)

ANNA, *entrant*. Il vient de sortir... Marguerite doit être seule. (*Apercevant Dufrène.*) Ah ! c'est M. Dufrène, son ami.

DUFRÈNE, *lisant la lettre*. Que vois-je ! ô ciel ! Mme Déliane !..

ANNA, *au fond*. Ma mère !

DUFRÈNE. Ah ! mon Dieu !.. morte !

ANNA. Morte !.. ah !

Elle pousse un cri et s'évanouit.)

DUFRÈNE. Anna !.. elle était là ! ah ! mon Dieu ! elle se trouve mal... du secours... quelqu'un, au secours... personne ne viendra... la maison est à deux lieues d'ici... Ah ! de ce côté... venez, qui que vous soyez... veillez sur elle.

(La nuit.)

∞∞∞∞∞∞∞∞∞∞∞∞∞∞∞∞∞∞∞∞∞∞∞∞∞

SCÈNE XVII.

LES MÊMES, Mme DÉLIANE.

Mme DÉLIANE. Quels sont ces cris d'alarme ?

DUFRÈNE. Ciel ! Mme Déliane,

Mme DÉLIANE. Silence ! silence ! allez près de Marguerite, elle vous instruira de tout.

(Dufrène sort.)

Mme DÉLIANE. Ma fille ! dans quel état, grand Dieu ! sans mouvement et sans connaissance !.. ah ! je crois deviner... la résolution d'Édouard.. apprise peut-être sans ménagemens, elle déjà si faible !.. ah ! c'est moi, malheureuse, c'est moi qui en suis cause !.. jouer ainsi l'existence de ma fille !.. Anna, reviens à toi... si tu savais ce que dans un moment de courage je t'avais écrit, chère enfant, tu me pardonnerais peut-être... mais sa main a tressailli dans la mienne... elle reprend connaissance... Dieu soit loué ! elle murmure de faibles paroles .. le nom d'Édouard sans doute ?

ANNA. Ma mère !.. ma mère !..

Mme DÉLIANE. C'est moi qu'elle appelle!.. si j'osais me montrer!..

ANNA. Que s'est-il donc passé? j'ai peine à rassembler mes souvenirs.

Mme DÉLIANE. Pauvre enfant! tu as bien souffert!..

ANNA. Quelqu'un me parle... est-ce toi, Marguerite?.. ah! dis-moi... quelle est donc cette idée fixe qui m'obsède et qui me fait tant de mal... il me semblait que ma mère... ma pauvre mère, oui, je crois me rappeler... tout-à-l'heure... ici, une lettre... perdue pour jamais... ah! Marguerite!.. *(elle aperçoit sa mère)* mais ce n'est pas elle... qui donc est là, près de moi? il m'a semblé distinguer dans l'ombre... ma tête s'égare.... quelle illusion... cette taille, ces traits... *(avec un cri)* ah! c'est toi que je presse, que j'embrasse... ah! comment ai-je pu revenir à la vie?.. si une nouvelle épreuve me menaçait, je sens que je serais trop faible pour y résister.

Mme DÉLIANE. Je te l'épargnerai, ma fille... toi, mon seul bien, mon seul amour!

ANNA. Quelle est ma joie... et quelle sera celle de Marguerite, et de M. Edouard!

Mme DÉLIANE. Arrête!.. cette entrevue doit être un secret entre nous... je n'espérais pas qu'il me fût donné de te revoir, de t'embrasser, avant de nous séparer pour long-temps.

ANNA. Que dis-tu? à peine retrouvée, je te perdrais encore!

Mme DÉLIANE. Il le faut!

ANNA. Non, je ne puis.

Mme DÉLIANE. Il est dans ma destinée des mystères que tu ne dois pas chercher à pénétrer. Tu fus toujours douce et soumise... résigne-toi... c'est ma prière... c'est mon ordre.

ANNA. Ah! qu'exigez-vous?

Mme DÉLIANE. Cette réponse que je te laisse, t'instruira de ma volonté tout entière... ne t'afflige plus, mon Anna. ne conçois plus d'alarmes sur le sort de ta mère... elle se sent plus heureuse maintenant qu'elle ne l'a été depuis bien des années... Oui, malgré le chagrin de quitter cette enfant, à présent que je ne trouve plus dans mon ame ni combat, ni incertitude; à présent que le retour m'est fermé, ô mon Dieu, je sens une joie calme que je n'avais jamais éprouvée... ah! c'est notre lâcheté seule qui fait la force de nos passions, elles se taisent quand la conscience parle haut. et notre cœur trouve en lui-même le prix de tous les sacrifices... adieu, chère enfant, mon bonheur désormais est un dépôt que je te confie, garde-le bien pour **toutes deux**; on vient, il faut nous séparer

ANNA. Déjà! oh! reste, reste encore!

Mme DÉLIANE. Un dernier baiser... adieu, mon enfant, adieu!...

ÉDOUARD, *en dehors*. Où est-elle?

Mme DÉLIANE. Edouard! *(Elle va au fond.)* Oh! non, non!...

(Elle sort précipitamment par la porte à gauche.)

SCENE XVIII.

ANNA, *puis* MARGUERITE, DUFRENE *et* ÉDOUARD.

ANNA, *tombant sur le fauteuil*. Ma mère! ma mère!

MARGUERITE, *accourant*. Où est-elle? ah! pauvre enfant! quel terrible événement!...

ÉDOUARD. Chère Anna!

DUFRÈNE. Elle a repris ses sens... allons... c'est bien; il n'y a plus de danger, je l'espère, et je puis partir tranquille... et toi, mon ami?

ÉDOUARD. Tu vois, elle souffre encore, et rien au monde ne pourrait m'arracher de ce lieu.

DUFRÈNE, *à Marguerite*. A propos, où est la personne qui a fait assurer son passage.

MARGUERITE. Elle vous attend sur le bord de la mer.

DUFRÈNE. Allons, mes amis, au revoir.

(Il sort.)

SCENE XIX.

LES MÊMES, *excepté* DUFRÈNE.

MARGUERITE [*]. Eh bien! mon enfant, vous n'êtes pas encore tout-à-fait remise... d'où vient ce trouble et que regardez-vous?...

ANNA. Elle n'est plus là!

MARGUERITE. Qui donc?

ANNA. Ma mère!

MARGUERITE. Sa mère!...

ÉDOUARD. Que dit-elle? pauvre enfant!

ANNA. C'est que je l'ai revue.

MARGUERITE. Comment?

ANNA. Ici, tout-à-l'heure.

MARGUERITE. Vous?

ÉDOUARD. O ciel!... sa raison...

ANNA. Vous me croyez insensée... Hélas! je crains aussi de l'être... cette entrevue qui confond toutes mes idées, il me semble maintenant que c'était un songe bien doux qui succédait à des idées funestes...

[*] Édouard, Anna, Marguerite.

effrayantes ; oui, j'en frémis encore... j'avais cru voir une lettre qui m'annonçait la mort!... Ah! mon Dieu... la voilà... encore dans mes mains; ah! je n'ose la regarder... je tremble...

MARGUERITE. Donnez... mais que dites-vous? cette lettre, c'est la vôtre!

(Elle la lui montre.)

ANNA. Celle que ce matin je t'ai remise pour ma mère... mais que vois-je? sa réponse!...

ÉDOUARD. Qu'entends-je?

ANNA, *reprenant la lettre.* Oui... écoutez! « Je pars, ma chère enfant, ton bon-
» heur que j'aurais voulu assurer en restant
» près de toi, je l'assure en m'éloignant;
» il est une personne au monde qui m'a
» dévoué sa vie... je ne puis récompenser
» un dévouement tel que le sien, qu'en la
» priant de ne pas refuser ce que j'ai de
» plus précieux au monde, ma fille chérie,
» qu'il doit aimer, qu'il aime, j'en suis
» sûre, de devenir le protecteur, l'appui
» de celle qui sans lui serait désormais or-
» pheline; il m'avait juré de se consacrer
» à mon bonheur, et c'est ainsi qu'il pourra
» tenir son serment Un jour viendra,
» bien éloigné sans doute, où je pourrai
» vous revoir tous deux! ce jour, votre
» bonheur mutuel le hâtera, jusque-là
» tous mes vœux resteront avec mes deux
» enfans!   » CAROLINE. «

ÉDOUARD *. Caroline! elle existe! elle était là, vous l'avez vue... Ah! courons. (*On entend un coup de canon.*) Ciel! partie.

MARGUERITE. Ne songez qu'à celle qui reste !...

* Édouard, marguerite, Anna.

FIN.

IMPRIMERIE DE Vᵉ DONDEY-DUPRÉ, RUE SAINT-LOUIS, Nᵒ 46, AU MARAIS.

9 782329 627533